# 하나님의 아들이 나타나신 목적은
# 악마의 일을 멸하시려는 것입니다

지은이 류의근

하나님의 아들이 나타나신 목적은
악마의 일을 멸하시려는 것입니다

**지은이**    류의근
**초판발행**  2024년 5월 20일

**펴낸이**    배용하
**책임편집**  배용하

**등록**      제364-2008-000013호
**펴낸 곳**   도서출판 대장간
         www.daejanggan.org
**등록한 곳**  충청남도 논산시 가야곡면 매죽헌로1176번길 8-54
**편집부**    전화 (041) 742-1424
**영업부**    전화 (041) 742-1424 · 전송 0303-0959-1424
**ISBN**     978-89-7071-678-7   03200

**분류**      기독교 | 악 | 제국

 **값 12,000원**

"하나님의 아들이 나타나신 목적은 악마의 일을 멸하시려는 것입니다."
요한일서 3장 8절

# 목_차

# 서문

서문을 쓰기 위해 70의 나이에 10대의 시절을 회고한다. 10대의 나이에 어머니의 비극적인 죽음을 맞이했다. 그 나이에 죽음에 대해 아무것도 알지 못했지만 죽음은 나에게 어떤 조용한 내면의 충격을 주었다. 그때 죽음이라는 단어가 나의 뇌리에 박혔다. 의식적이든 무의식적이든 그때의 경험은 나에게 죽음이 하나의 억압으로 작용하는 계기였다. 그리고 그 죽음의 경험은 10대 후반에 내가 철학을 하게 된 동기였다. 죽음을 알아야 하겠다는 생각에서였다. 그래서 지금은 죽음을 조금 알았는가 하면 그렇지도 않다. 그 숱한 철학적 죽음론은 죽음에 대한 지극히 자연스러운 상식적 감정을 하나도 바꾸어 놓지 못했다. 죽음의 철학을 조금이라도 언급한 사람치고 이 자연적인 두려움을 완전하게 탈피한 자는 그렇게 많지 않을 것이다.

나에게 죽음은 악의 문제였다. 죽음은 삶의 양면이었다. 사는 것은 사는 것이지만 그와 동시에 죽는 것을 사는 것이었다. 삶을 사는 것은 죽어가는 것과 동행하는 삶이었다. 죽음은 삶의 그림 자였다. 죽음은 삶의 보이지 않는 적이었다. 그 적은 살금살금 나의 내면에서 나와 함께 살아가고 있었다. 죽음은 보이지 않는, 억압되어 있는 권력이다. 죽음은 자신의 권력을 행사하든 않든 하나의 힘이다. 어느 시점에 이르면 억압되어 있다가 돌아오기 마련이다. 죽음은 프로이트가 말하는 대로 억압된 것의 귀환이다.

일상을 잘 살다가도 어떤 계기가 주어지면 죽음 충동을 받는 것은 그 때문이다. 인간 생물에게 죽음의 부정은 불가피한 필연성이지만 필멸성 또한 어쩔 수 없는 현실이기에 그 양면성 속에서 인간 생물은 고통을 겪고 불멸성을 추구한다. 죽음이 선이라면 불멸성을 애써 추구할 필요가 없다. 죽음이 고통을 주는 악한 것이라면 그것을 부정하고 싶어진다.

이렇게 되면 죽음은 악으로서 피해야 할 대상이다. 죽음은 인생에서 자신의 권위와 권세를 휘두른다. 죽음은 인생의 고통이다. 삶의 고통은 악이다. 따라서 죽음은 악이다. 죽음은 삶을 갉아먹는 악이다.

악과 대면하고 대결하는 것은 삶의 주된 경로이다. 그러나 우리는 이 사태를 거의 의식하지 못한다. 내가 보기에 악에 대한 깨침은 하나의 은혜이다. 죽음에서 보듯 그 악은 삶 속에 공생한다. 삶은 숙주요 악은 기생충이다. 악은 삶을 먹고 살기 때문에 삶을 사는 사람은 악을 별로 의식하지 못한다. 보통은 삶을 살 뿐이지 악을 산다고는 생각하지 않는다. 이러한 생각이 타당하다면 삶의 철학은 사실상 악의 철학이다. 그러나 삶의 철학은 악을 주된 인식 대상으로 삼지 않는다. 악은 삶 속에 내재적으로 은폐되어 있기 때문이다. 그래서 삶을 이야기하지만 상대적으로 악은 별로 많이 거론되지 않는다. 악을 직시하고 인식하지 않는다면 삶을 말하는 것은 반쪽만 말하는 것이다.

인류의 역사는 삶의 역사를 기록하지만 그에 비해 악의 역사는 적다. 대체적으로 악의 사료는 그 크기와 규모에서 삶의 사료보다 덜하다. 물론 삶의 사료에 악의 사료도 포함되어 있다. 하지만

주를 이루는 것은 삶이지 악이 아니다. 서양철학의 역사를 보아
도 삶과 세계와 역사를 성찰하지만 악이 주제거리는 아니다. 악
은 철학의 보조재에 그친다. 한나 아렌트 말대로 악은 진부하고
평범한 사태라서 철학적 인식의 반열에 오르지 못했는지도 모른
다. 독일 나치즘의 악행이 당대의 사유 불능이나 부전 때문이라
면 이는 거꾸로 말하면 악은 지각되지 않게끔 또는 각성되지 않게
끔 존재한다는 뜻이다. 악은 삶의 응달이기 때문에 그 응달진 모
습은 인식 대상에서 빠져나간다는 말이다. 그렇다면 악이 철학의
본 재료가 되지 못한 것은 당연한 일이기도 하다. 이 점은 서양철
학의 교만이 아닌가 싶다. 그들은 현실의 삶에 너무 충실했기 때
문에 숨어 있었던 악의 삶에 대해서는 덜 고려했던 것이다.

　이제는 악의 삶을 철학의 대상으로 주제화해야 한다. 따라서
악의 문제는 철학의 반열에 올라야 하고 철학의 대열에서 적극적
으로 나서야 한다. 역사적으로 수많은 이상 사회의 추구와 건설
이 기대치와 다르게 끝난 것은 현실 속의 악과의 대면과 대결을
심각하게 다루지 못하고 악을 그 뿌리에서 살펴보지 못하며 다각
적인 학제적 연구와 연대의식을 도모하지 못해서이지는 않을지
생각해 보게 된다. 심오한 철학이라고 해서 악의 해소와 제거에

서문 • 17

도움이 되는 것은 아니다. 일례로 하이데거의 철학만큼 세계적으로 영향을 미친 철학도 드물지만 그가 당대의 악한 현실을 소박하고 순진하게 지각했다는 사실을 고려하면 심오하고 경건한 생각을 한다고 해서, 위대한 형이상학적 사변을 담고 있다고 해서 악한 역사적 현실을 정확하게 인식하는 것은 아니라는 점을 말해 준다. 그의 역사적 현실을 오도하는 인식은 악에 대한 이해가 너무 심오한 탓이거나 사유가 지나치게 부전증에 빠진 탓이거나 둘 중의 하나일 것이다. 그렇듯 그것이 심오한 사유였다면 자기 눈앞의 현실 하나를 바르게 지각할 수 없는 허망한 진실이었음을 우리는 주시해야 할 것이다. 말하자면 역사적 현실을 존재 사유의 이름으로 오도할 수 있는 위험성을 경계해야 할 것이다. 바꾸어 말하면 만일 존재 사유의 초월성이 역사적인 구성물이라면? 그 초월성조차도 역사적이라면?

나는 수잔 니이만이 철학의 뿌리는 악에 있다고 주장한 것처럼 악의 문제를 모든 사유의 뿌리에 두고 다시 한 번 우리의 관심을 환기하고 거기에다 초점을 맞출 것을 강조하고 싶다. 철학적 사유의 역사는 많은 패러다임의 전환을 거쳐 왔고 철학적 진리 프로그램은 선택의 문제가 되었다는 점을 고려할 때 허무주의 시대의 탈출구로서 악의 패러다임으로 이동하는 것을 제안한다. 악의 패러다임을 철학적 사유의 프로그램으로 채택하는 것은 탈현대 시대의 철학적 전환이다. 이 전환은 현재의 철학에 대한 불만과 항의의 표시이다. 철학이 악과 고통의 현실에 대해 조금 더 민감하고 날카로워졌으면 한다. 부서지고 망가진 세상은 철학자를 호명하지 않는가? 이 호명에 응답하는 것이 철학자의 책임이 아닌가? 의미 과잉과 의미 상실의 허무주의적 시대 상황 속에서 악의 프리즘으로 세계를 이해하고 철학의 역사를 재조명하며 삶의 보편적 의미를 발견하거나 구축하는 것은 미래철학의 새로운 과제이다.

다들 느끼다시피 세계는 구제 불능이고 교정을 기대할 수 없다. 선과 지혜가 이기고 악과 어리석음이 지는 세상은 보기 힘들다. 이러한 인과응보의 도덕적 세계관은 예수도 믿었지만 이러한 세계관의 합리성은 위태로운 처지에 있다. 오래 전에 욥기와 전도서의 기자도 그러한 세계관을 의문스럽게 여겼다. 이들은 시대의 전환기를 살았고 그 과정에서 신정론적 도덕적 세계관의 전통이 해체되는 것을 경험했고 새로운 시대에 조응하는 세계관을 물었다. 그때처럼 지금도 사람들은 대체할 세계관을 묻는다. 그렇지만 인과응보의 전통적 세계관을 대체할 세계관이 딱히 그리고 정히 보급되어 있는 것도 아니다. 그러한 세계관이 주어졌다고 해도 인과응보의 도덕성의 골조를 거부한다면 받아들일 이가 몇이나 될까? 선악의 피안은 초인에게나 가능한 일이다. 그러나 인간은 초극되어야 할 동물이지만 초인은 아니다. 보통 사람들은 시대가 변해도 여전히 인과응보의 도덕관을 따라 판단하고 평가한다. 이들은 악을 심판하지 않으면 정의는 불가능하다고 믿는다. 인류는 최후까지 악을 추적해서 응징하지 않으면 안 되는 일을 멈출 수 없다. 이것은 인류가 피할 수 없는 운명이다. 이 운명을 거부하면 지구 행성은 무질서와 혼돈의 도가니가 될 것이다. 이것이 우리가 우리의 삶을 사랑할 수밖에 없는 이유이고 상상의 천국보다 현실의 지옥을 좋아하며 선호해야 하는 이유이다. 결국 우리는 인과응보의 도덕적 세계관의 합리성을 보장하고 공고히 하는 길이 덜 탈현대적이기는 하지만 최선 아닌 차선책으로 선택하지 않을 수 없다.

원래 이 책의 중심 내용은 2021년 대한철학회 가을 학술 발표 대회주제: 갈등에 대한 철학적 성찰 기조 강연 원고로 집필되었고 발표 후 책으로 출판하기 위해 약간의 가필을 거쳐 수정 보완되었다. 처음에 대구교육대학교 장윤수 교수의 발표 권유가 있었고 발표

후 사적 대화 가운데서 계명대학교 이재성 교수의 책 출판 의견이 있었다. 이렇게 책으로 나올 수 있게끔 동기를 준 두 교수님에게 감사의 말을 전한다. 그리고 발표의 기회를 제공해 준 대한철학회장 이종성 충남대 교수님에게 감사를 표한다.

3.31스텔라데이지호 침몰 7주기

4.16세월호 참사 10주기

5.18민주화운동 44주년

2024년 5월 8일

류 의 근

# 프롤로그

"어찌하여 악인들이 형통하며, 배신자들이 모두 잘 되기만 합니까?" 예레미야서 12:1

악은 모든 고통의 원천이다. 태초에 말씀이 있었다든지 행위가 있었다든지 하는 말도 있지만, 태초에 악이 있었다고 하면 지나친 억측일까. 인간의 부존재 앞에 악은 의미 없다. 악은 인간이 존재하기 시작한 때부터 함께 한다. 에덴동산에서 묘사된 악의 기원이 그것을 말해준다.

악의 기원은 인간의 모든 고통이 악에 기인하는 것으로 생각하게 만든다. 인류 역사의 시초부터 악이 있었으므로 인간은 선보다 악을 먼저 논한다. 내가 아는 한 선을 먼저 내세운 이는 성경 창세기의 기자들이다. 그들은 세상은 처음에는 악한 것이 아니라 선한 것이라고 주장한다. 이러한 주장은 보통 주장이 아니다. 그 것은 예외적인 놀라운 주장이다. 신과 악의 대비와 싸움 속에서 인간의 고통을 논하고 고통 없는 세상에 있고픈 염원을 표현하고 있으며 인류에게 희망을 주는 예리한 통찰이다.

악이 없는 세상을 바라는 인류의 기대와 희망의 의표를 찌르는 참신하고 탁월한 역발상이 아닐 수 없다. 이 역시도 악을 투철하게 인식하지 않으면 나올 수 없는 지혜로운 탁견이다. 세계는 처음부터 선한 것이라면 그 때문에 악보다는 선의 편에 서야 한다. 세계는 처음부터 악한 것이라면 그 때문에 악과 싸워야 한다. 세계는 선해도 악해도 악에 대비해야 하고 저항해야 한다. 인간의 삶은 이것을 피할 수 없다. 어차피 그럴 거라면 세계는 악하기보다는 선하다고 보는 것이 더 낫다.

이러한 신념의 세계관에 따르면 이 땅에서 선을 추구하는 것이 최우선 의무이므로 만인에 대한 만인의 투쟁 원리에 따르는 삶은 정당할 수 없고 거부된다. 따라서 성경 창세기의 저자들이 선택한 선의 이데올로기는 세계의 악과 인간의 고통이 던지는 도전에 응전하는 한 가지 방법이다. 그것은 전쟁과 폭력을 제국의 삶의 양식이라고 생각했던 당대의 이데올로기를 반대하는 전복적인 사고이다. 원리적으로 보면 이러한 방법이 세계의 불의한 현실을 인간 삶의 기본 조건이라 여기고 그에 대응해 나가는 방법보다는 더 나을 수 있다는 생각도 든다. 그것은 세계의 악과 싸울 수 있는 힘의 원천일 수 있다. 성경 시대의 이스라엘 민족은 이 길을 택했다.

세계가 애당초 선한 것이었다면 이 세상에 존재하는 모든 고통과 악의 실재와 불의한 현실은 당연히 거부되어야 할 대상이다. 현재의 악한 세계에 대한 거부 역시 정당한 신념이다. 이는 세계가 선하다는 믿음의 논리적 귀결이고 이데올로기적 효과이다. 아우슈비츠 수용소의 극악무도한 현실을 경험하거나 보거나 한 이후에도 세계는 여전히 선하다고 말할 수 있는 어느 유대인의 고백은 이러한 심경이지 않았을까 하고 조심스럽게 짐작해 본다. 물론 아우슈비츠 이후 신은 없다고 고백하는 유대인도 있다.

나는 라이프니츠가 '이 세계는 가능한 세계 가운데 최선의 세계'라고 한 주장을 세계에 존속하는 악의 현실에 대항하는 형이상학적 투쟁 원리로 이해하고 싶다. 물론 그의 원의와는 다르게 해석한 것이라고 할지라도 말이다. 바꾸어 말하면 나는 라이프니츠의 주장을 세계에 존재하는 반대의 증거에도 불구하고 신의 전능과 정의를 고수하는 사실적 표현으로 보고 싶지 않다. 악과 싸우는 일에 있어서 성경 욥기에서 내린 결론이 암시하는 것처럼 이세계는 가능한 세계 가운데 최고의·최대의·최선의 세계라고 보는 것을 기본 원칙으로 삼는다는 뜻이다.

하나님은 욥이 제기한 세계의 악과 고통에 대한 이의제기에 반박하지 못했다. 그는 욥의 극한적인 이의 제기가 옳다고 인정했다. 그러면 어떻게 해야 하는가? 그 답은 단순하고 간단하다. 즉 하나님과 함께 이 세상의 선함을 일구는 것이다. 이러한 실천적 대답의 견지에서 볼 때 세상에 존재하는 수많은 악과 고통의 사실들을 열거함으로써 신의 부존재와 부정의를 말하는 것은 논점을 비껴가는 사변적 주장에 지나지 않는다.

쇼펜하우어만큼 세계의 악과 삶의 고통을 적나라하게 논고한 이도 없을 것이다. 그는 세계의 실상은 악이라는 것을 보여준다.

세계의 본질적 속성, 자연의 참된 본질은 악의 고통이라고 논증했다. 쇼펜하우어는 정직하고 솔직한 눈으로 보면 자연은 도덕적으로 메스꺼운 현상, 존재해서는 안 되는 어떤 것이라고 말한다.[1] 인간은 자연에서와 마찬가지로 인간의 삶에서 인간에 대한 인간의 투쟁을 발견한다. 개인들끼리, 집단들끼리, 나라들끼리 서로 싸운다. 창조주는 절대선이 아니라 절대악이다. 쇼펜하우어의 세계관은 기독교 세계관의 신정론과 역방향을 취하는 역신정론이다.

그러나 바로 그래서 악의 제거와 극복은 인류 문명에 주어지는 과업이고 이 과업은 세계는 선하다고 보는 것에서 시작하는 것이 상책이다. 술잔에 술이 반밖에 없다고 보는 것보다 술잔에 맥주가 반이나 남았다고 보는 것이 더 낫다. 술잔에 술이 반이 들어 있다는 것이 객관적이고 중립적인 사실적 표현이지만 악과의 싸움은 실천적 사안이므로 객관적 중립적 입장에서만 볼 수 없다. 이러한 국면에서 나는 비관적 허무주의자보다는 긍정적 낙관주의자가 더 낫다고 본다.

---

1) 줄리언 영, 『신의 죽음과 삶의 의미』, 류의근 옮김 (필로소픽, 2021), 109쪽.

동일한 사실에 대해 이견이 없다면 사실에 대해 취하는 태도나 해석의 문제에서 부정적 입장보다는 긍정적 입장이 더 긍정적이다. 돈이 없다는 사실에 대해 불평하기보다는 긍정적으로 생각하는 것이 삶의 건강한 자세다. 그 반대로 생각하는 것은 병약한 자세이다. 악과 싸울 때는 긍정적 감정을 지속해서 유지하느냐 마느냐가 승리를 좌우한다.

악과의 싸움은 인류 역사와 함께 시작했으므로 그 전략과 전술도 엄청나게 발전했다. 악도 더욱 교활해지고 선도 더욱 지혜로워졌다. 어쩌면 악과 친해지는 것이 삶을 어렵게 살지 않을 수 있는 길인지도 모른다. 사실인즉 우리는 세상의 불의한 현실과 사회 구조에 너무 익숙해져 있다. 악이 우리의 삶의 일부가 된 상태이므로 떼어내기가 여간 어려운 일이 아니다.

그러나 세계에 만연한 것이 악일수록, 악이 있는 곳에 합리성의 질서를 세워야 한다. 근대의 합리성이 탈근대의 합리성 비판으로 주춤한 지가 좀 되지만 그렇다고 탈근대성이 답이 되는 것도 아니다. 탈근대성도 합리성의 합리적 반성물이다. 합리성은 아직도 보편적 가치를 가지고 있고 인류의 유산으로서 합리성의 개념과 이념은 포기해야 할 대상이 아니다. 현재 합리성의 척도를 대체할 만한 새로운 척도가 나타난 것도 아니다. 신뢰할 수 있는 확실한 척도가 출현하기 전까지는 포기보다는 합리성의 질서를 예전보다 더 건강하고 성숙하게 세워가고 건재하게 하는 것이 더 중요하고 고귀한 일이다.

나는 세상이 본디 합리적이지 않다고 해도, 실존주의가 말하는 세상의 부조리가 옳은 관찰이라고 해도 합리성의 질서를 여전히 세워가는 것이 필요하다고 믿는다. 세상이 아예 처음부터 니체가 절규한 것처럼 혼돈이고 의미 없고 모순과 전쟁 위에 세워져 있다고 해도 우리가 합리적 질서를 세우는 것이 우리의 선택지이고 또 인류의 역사는 이 길을 밟아 왔다. 지금도 마찬가지이다. 황무한 세상에 퍼져 있는 죄악으로부터 용서받기 위하여.

인간은

자연에서와 마찬가지로

인간의 삶에서

인간에 대한 인간의 투쟁을 발견한다

# 1. 악의 도전

　인간의 역사가 진보적이고 선한 방향으로 움직이고 있다면 현재의 역사는 긍정적인 것으로 보인다. 유발 하라리나 조너선 하이트, 스티븐 핑커는 현재의 인류는 과거보다 훨씬 나아졌다고 판단하는 것 같다. 막스 베버의 근대의 탈마법화 테제에 의거해 볼 때 확실히 인류는 진보했다. 그러나 그에 못지않게 근대정신의 부정적 결과도 커졌다. 지금은 도리어 근대정신을 탈마법화해야 한다는 주장이 세몰이를 하고 있다. 일반적 관측은 선의 영향력에 비견되는 악의 영향력이 무시하지 못할 정도라는 것이고 악의 세력에 무기력한 묵시록적 위기 현상이 현대 사회에 팽배하다.

　지젝은 현재의 인류가 종말의 시대를 살고 있다고 본다. 최근에 나온 그의 책들 가운데 하나는 『종말 시대를 살아가기』*Living in the End Times*이다. 말하자면 그는 지금의 시대를 종말의 시대 즉 말세라고 규정하고 있다. 그가 보기에, 현시대는 묵시의 시대로서 생태적 위기, 유전공학의 혁명, 자본주의로 인한 자원 전쟁과 극한 경쟁 그리고 사회적 배제의 심화가 파국을 가져오지 않으려면 이러한 묵시적 위기들이 뒤집히지 않으면 안 된다고 역설한다. 따라서 그는 현대는 묵시의 시대이지만 묵시의 전도가 인류의 시급한 과제라고 주장한다.

역사적으로 대파국은 현대 지구 자본주의 사회만이 직면하게 될 수 있을지 모르는 잠재적 현실만은 아니다. 그러한 대재앙의 현실은 고대 사회에도 있었다. 성경의 첫 권 창세기를 보면 인류를 파괴하는 세 가지 커다란 파국이 있었다고 기록한다. 노아의 홍수6장, 바벨탑10장, 소돔과 고모라의 파멸18장이 그것이다. 노아의 홍수는 지상에 범람하는 악에 대한 심판이다. 바벨탑 파괴는 고대 바벨론 제국의 오만에 대한 심판이다. 소돔과 고모라의 유황불은 도시의 죄악에 대한 심판이다.

성경의 마지막 권 요한계시록을 보면 지상에 현존하는 악의 권력과 세력을 네 명의 기수6장로 표현한다. 백마의 기수, 적마의 기수, 흑마의 기수, 청마의 기수가 그것이다. 백마의 기수는 **활**을 가지고 나라를 공격하며 정복하는 통치자를, 적마의 기수는 **칼**을 가지고 전쟁하며 평화를 파괴하는 통치자를, 흑마의 기수는 먹거리가 없는 기근의 시기에 **저울**을 가지고 생필품을 악용해 부자가 빈자를 희생시키는 경제적 권력자를, 청마의 기수는 **창2)**을 가지고 생명보다는 죽음의 현실을 동반하는 폭정자를 상징한다.

땅은 이러한 불의와 불법이 정치적 경제적 사회적 현실을 지배하고 있다. 현대 사회에는 이러한 기사 노릇을 하는 많은 위기의 현실들이 현존한다. 현대는 파국의 시대이다. 인간의 능력은 지구를 파멸시킬 수 있다. 인간이 세계를 파괴하는 시나리오들은 많이 논의되고 있다. 이러한 세계 파괴의 시나리오들은 다양하게 표현되었다. 지구 차원의 정치경제적 분열, 인종적 적대감, 지구 자원의 고갈, 자원 확보 전쟁, 핵무기·핵폐기물의 위협, 에너지 위기, 세계 인구의 식량 부족, 지구 기후의 대이변, 생물 멸종, 환경 종말론 등등의 이야기들이 다 그렇다.

미국 여성 생태 신학자 로즈마리 래드퍼드 류터Rosemary Radford Ruether는 수십 년 동안 언급된 파국적 요소들이 점점 증가하고 있다고 주장한다. 그녀에 의하면, 지구의 파국적 요소를 상징하는 네 기수는 다음과 같다.

2) 복도훈, 『묵시록의 네 기사』 (자음과 모음, 2012), 18, 16쪽.

첫째, 지구의 식물과 동물을 희생시키는 인구 폭발

둘째, 공기, 물, 토양에 대해 환경이 주는 피해

셋째, 늘어나는 가난한 집단의 고통

넷째, 부유한 엘리트들이 지구 자원으로부터 부정한 혜택을 유지하기 위한 세계적 군사화

이러한 불의와 불법들은 서로 결합하여 지구 파괴의 비극적 시나리오를 만들어 낸다. 인간은 근대 이후 500년 동안 자신의 능력을 과용함으로써 45억 년 나이의 지구 생명권에 파국을 가져올 가능성을 현실화하고 있다. 류터는 회개를 빨리하지 않으면 안 된다고 강조한다. 왜냐하면 수천 년에 걸친 만들어진 잘못된 패턴들을 고쳐서 배울 수 있는 시간이 충분히 남아 있지 않기 때문이다.3)

이러한 불의와 불법은 억제되지 않고 계속 허용되는 중이다. 이러한 불의와 불법의 세력을 누가 억지할 수 있는가? 이러한 악한 세력과 어두운 권력을 누가 처리할 수 있는가? 이러한 인류의 고질병을 누가 치유할 수 있는가? 이러한 죽음의 파괴 세력을 누

---

3) 로즈마리 류터, 『가이아와 하느님』, 전현식 옮김 (이화여자대학교 출판부, 2000), 108, 137쪽.

가 심판할 수 있는가? 우리는 이러한 불의와 불법이 마음대로 설치도록 놔둘 것인가? 분명히, 악의 실재성과 영향력은 철학에 대한 도전이다. 철학은 응전해야 한다.

이러한 도전에 각성한 의식을 가지고 철학적 사고의 역사를 대안적으로 재구성한 철학자가 있다. 수잔 니이만Susan Neiman이 그렇다. 그녀는 악의 도전을 프리즘으로 해서 서양의 근현대철학사를 다시 쓴다.4) 악의 문제에 동기화되어 철학의 역사를 서술하는 방식은 그녀의 고유한 철학사 서술 방식이다. 니이만은 이렇게 묻는다. "악에 관한 사유의 역사는 현재를 사고할 수 있는 틀을 제공할 수 있는가?"5) 철학의 중심 무대에서 거의 소멸한 악의 문제는 철학의 사회적 책임과 임무를 되살리는 주요한 원천일 수 있다. 고통과 악의 현실은 철학의 근본 문제로서 재건되어야 한다. 니이만은 근현대 철학의 역사를 더 잘 이해하기 위해서는 인식론과 같은 철학의 주요 분과보다는 악의 문제를 다루어야 한다고 생각한다. 더 구체적으로 말하면 근현대의 철학사는 1755년 11월 1일 리스본 대지진의 발생으로 인한 악의 철학적 담론의 전

---

4) Neiman, S., *Evil in Modern Thought: An Alternative History of Philosophy* (Princeton University Press, 2002).

5) Neiman, 같은 책, 서문. p. xi.

개사로 이해되어야 한다는 것이다. 그녀에 의하면 그들의 철학적 탐구는 악의 철학적 담론으로 풀이해야 한다는 것이다. 악이 철학적 탐구의 뿌리라는 것이다.

한나 아렌트Hannah Arendt 역시 가장 최근에 악의 문제를 철학적 주제로 천착한 정치 철학자이다. 그녀가 주창한 "악의 평범성" 테제는 널리 알려져 있다. 이 테제는 홀로코스트를 실무적으로 집행한 아이히만의 악행을 설명하는 개념이다. 아이히만은 유대인을 대량 말살하는 임무를 수행하는 과정에서 그 임무를 인류 또는 유대인에 대한 범죄라고 의식하지 않고 상부의 명령에 따라 평소처럼 평범하게 의무를 충실히 수행했을 뿐이라고 생각한다. 따라서 그는 자기가 하는 일에 대해 반성하거나 사유하는 일을 하지 않았던 셈이다. 그는 자기가 하는 일을 경험하고 이해하고 평가하는 일을 멈추고 판단도 하지 않았다고 해석된다. 아렌트는 이러한 사고 또는 판단의 결여 때문에 수백만 명의 유대인이 죽게 되었다고 보고한다. 국가 조직의 일원으로서 공무를 수행하는 현실에서 일어나는 일을 무사유하는 평범한 일이 홀로코스트라는 악의 근원이라는 것이다.

니이만과 아렌트의 악에 관한 사유는 철학에 도전하는 악의 문제에 대한 응전 가운데서 나온 통찰의 일부이다. 모두가 중대한 의미와 가치를 지니는 주장들이다. 이러한 악에 대한 사유를 서론에 언급하는 의도는 철학이 악의 신비를 이해하고 설명하고 해결하는 과제를 철학의 사회적 책임으로 복권하고자 하는 것이다. 철학에 도전장을 날리는 악의 현실과 구원문제를 철학의 소명 내지는 임무로 수용하고 이 문제를 철학적 담론의 내부 한가운데로 되살리고자 하는 의견을 피력하고자 함이다.

　이러한 의도와 목적에 관심을 가질 수 있도록 나는 아래에서 악의 현실을 분석하는 다수의 접근 방식을 다각적·다방면에서 소략하게 소개하고자 한다. 이러한 작업이 악의 연구가 정통 주류 철학의 본류로 재편입되는 효과를 유발하기를 기대한다. 철학은 제도화되어 수천 년의 수명을 유지하고 있지만, 제도 철학은 지나치게 학술주의·전문주의화 되고 현실 참여를 통한 사회적 책임감에서 멀찌감치 떨어져 있는 경향을 "무사유"하고 "평범"한 일로 여기고 있다. 제도 철학은 악의 고통에 더욱 예민해져야 한다. 지구 행성 생활이 파국을 직면할 수 있는 실제적 가능성이 고조되는 판국에 제도 철학의 현실 관여와 개입은 더욱 절절하다.

# 2. 악의 분석

## (1) 과학적 접근

우리 주위의 일상생활을 둘러보면 기쁘고 좋은 일도 많지만, 그에 못지않게 고통스럽고 악한 일도 이루 말할 수 없이 많다. 눈을 돌려 국내의 굵직굵직한 사건·사고, 국제 사회의 갖가지 대소사를 보면서 우리는 고통과 분노를 느낀다. 세월호 참사, 독도 영토 다툼, 9·11 테러, 이라크 침공, 대통령 암살, 인종 청소, 종족 학살, 자살 테러, 홀로코스트 등과 같은 처참한 부정의와 만행에 관한 끔찍한 소식을 매일 접하며 살고 있다. 이러다 보니 우리는 부도덕하고 비도덕적인 현실에 익숙해진다. 우리는 그러한 있어서는 안 될 현실에 무감각해진다.

악과 고통의 현실에 대해 우리가 진지하게 생각할 때 우리가 기본적으로 취하는 일반적 가정이 하나 있다. 그것은 인간은 이기적이라는 사실이다. 우리는 인간은 누구나 자기 이익을 좇는다고 믿는다. 이러한 인간 본성은 근대 철학자 홉스를 비롯하여 많은 철학자가 표명했다. 홉스에 따르면 인간은 다른 인간에게 늑대이다. 이른바 "만인에 대한 만인의 투쟁"이다. 홉스의 인간 본성론은 서구의 전통적 인간관의 초석 중의 하나이다. 이기적 인간론은 애덤 스미스의 고전 경제학이나 다윈의 생물 진화론, 현대 경제학, 현대 사회생물학에서 채택되었다. 서구의 정치·사회 철학 체계의 기본적 인간 이해도 이러한 이기적 인간론을 기반으로 해서 다양한 스펙트럼을 보여준다. 가장 최근에는 러시아계 미국인 소설가이자 철학사상가 아인 랜드Ayn Rand가 이기심을 미덕으로 정립하고 자기중심주의를 이성적으로 윤리적으로 확립하며 개인은 공동의 행복을 위해 자신의 이기심을 희생시킬 필요가 없다고 주장했다. 그녀는 이러한 철학적 신념을 소설과 철학 사상을 통해서 널리 전하러 미 전역을 순회했고 또한 많은 지지자를 얻었고 성공을 거두어 유명인사가 되었다.

그러나 이와는 달리 근자에 와서 진화 생물학자, 심리학자, 뇌 과학자, 동물학자들은 합리적 이기주의자라는 인간관과 다른 인간 본성을 인간이 지니고 있음을 과학적 연구와 실험을 통해서 보여준다. 그들에 의하면 인간은 생물학적으로 이타적이다. 이러한 이타적 인간 본성은 자연이 인간에 심어준 본능이다. 이러한 생물학적 기질은 인간의 제거될 수 없는 본능이다. 그들은 선과 악에 대한 구별과 판단도 이러한 본능에 따라서 이루어진다고 말한다.

"자연은 우리 신경계에 '도덕적 감각'도 심어주고 우리가 자신의 행동과 타인의 행동을 끊임없이 양심의 잣대로 평가하고 해를 피하며 부당함을 거부하고 받은 대로 돌려주고 자기 이익에 반할지라도 곤경에 처한 타인을 도와주도록 만들었다."6) 이러한 인간 본성론에 따르면 자기 이익만 추구하는 합리적 계산적 이기주의 인간관은 수정되어야 한다.

그렇다면 우리는 악의 현실에 대응하는 문제에서 기존의 가정과는 다른 방식으로 접근해야 한다고 판단한다. 이러한 접근에 따르면, 도덕적 규범이나 당위는 인간에게 자연적 성향으로 이미 주어진 도덕감이라고 이해된다. 이를테면, 남을 해치지 말라, 살인하지 말라와 같은 도덕적 규범이나 당위는 가치이지만 동시에 사실로서 주어져 있는 욕구이기도 하다. 더 정확하게 표현하면 "나는 누군가 살해당하는 것을 원하지 않으며 더 나아가 다른 사

---

6) 롤프 데겐, 『악의 종말』, 박규호 옮김 (현문미디어, 2010), 9쪽.

람들도 누군가 살해당하는 일이 벌어지지 않기를 원했으면 좋겠다"[7]는 것이다. 여기서는 사실이 가치이고 가치가 사실인 그런 상태가 가능하다. 이런 규범은 거의 모든 사람이 감정적으로나 이성적으로 끌리는 규범이며 또 대부분 상황에서 그 규범이 요구하는 행동을 따르는 편에 속한다.

물론 이러한 인간의 도덕적 본능은 이기심과의 싸움에서 실패도 자주 한다. 그 도덕감, 그 본능은 발휘가 잘못되어서 기대와는 다른 결과를 내는 경우가 적지 않다. 그렇다고 해도 그것은 진화 과정에서 자연이 인간들의 마음속에 심어준 도덕적 나침반임에는[8] 변함이 없다. 다만 우리에게 필요한 것은 그러한 생물학적 기질이 악행을 결과하지 않도록 해 주는 학습 능력이다.

그러므로 우리에게는 선과 악에 대한 감각을 익히는 교육이 필요하다. 현대 사회의 악의 제반 문제는 석기 시대의 갈등 상황과는 다를 것이고 현대 사회의 환경은 석기 시대를 살던 사람들의 조건과는 여러 가지로 다를 것이기 때문이다. 이를테면, 나치 이데올로기의 만행과 스탈린의 숙청과 오사마 빈 라덴의 테러는 석기 시대에 상상하기 불가했을 것이다. 따라서 우리의 도덕적 본

---

7) 데겐, 같은 책, 293쪽.

8) 데겐, 같은 책, 11쪽.

능이 히틀러, 스탈린, 빈 라덴 같은 이에 현혹되거나 그들의 유혹에 휘둘리지 않도록 훈련되어 있어야 할 것이다.

악의 세력에 대응하는 문제에서 이러한 식의 과학적 접근은 악의 뿌리가 인간의 진화 과정과 신경 구조에 있다9)고 규정하고 도덕이 태곳적에 형성되어 끊임없이 되풀이되어온 감정들에 기초한다10)고 믿는다. 그리고 이 도덕적 감정은 보편적 인류애의 도덕 원칙인 황금률이라고 부르는 것으로 진화되었고 인간의 도덕적 본성으로 그렇게 자리 잡았다.11)

이 도덕률은 자연으로부터 물려받은 생물학적 선물이다.12) 우리의 마음속에 자리 잡은 이 도덕률의 작동 구조와 방식을 더욱 깊이 있게 정확하게 이해함으로써 인간의 도덕적 진화는 더 낫고 선한 방향으로 개선될 것이다. 우리가 이 선물에 대해 진화론적으로, 뇌과학적으로, 심리학적으로 더 많이 알게 될수록 우리는 더욱 악행과 악덕을 방지하고 물리칠 수 있으며 악의 세력에 맞서 싸우고 극복하는 능력을 갖출 수 있을 것이다. 그럴수록 인간의

---

9) 데겐, 같은 책, 276쪽.

10) 데겐, 같은 책, 10쪽.

11) 데겐, 같은 책, 299쪽.

12) 데겐, 같은 책, 304쪽.

이타적 본성은 더욱 촉진될 것이고 악은 줄어들고 선은 커질 것이다.13)

### (2) 법적 접근

일반적으로, 법은 죄를 저지른 자를 벌하는 수단이고 악의 세력과 악행자에게 분노와 제재를 가하는 도구이다. 형사법은 무엇을 사회의 악이라고 간주할지를 규정한다. 그것은 또 그 악이 유죄인지 무죄인지를 결정한다. 사회악이라고 할지라도 유죄이거나 법으로 금지하거나 하는 문제는 법에 따른다. 법은 악을 정의하고 그 소재를 규명하며 규탄하고 저항하는 것을 돕는다. 이처럼 법과 악은 당연히 서로 관련되어 있다.

공권력이 폭력적일 수 있듯이 법도 폭력적일 수 있다. 법적 폭력은 법의 권위에 의해서 그 정당성을 보장받는다. 법은 사회 질서와 집단생활을 수호하기 위해 폭력을 수반할 수 있다. 법은 사람에게 접근 금지를 명하고 격리하며 배제한다. 즉 타인에게 법적 위력에 의한 폭력을 행사한다. 이때 법은 타인을 없는 존재로 만든다. 말하자면 법은 때에 따라서 사람을 보이지 않는 존재로

---

13) 이러한 시각과 전망을 지지하는 사람으로서 하버드대학교 심리학자 스티븐 핑커, 뉴욕대학교 심리학자 조너선 하이트를 들 수 있다. 핑커는 『우리 본성의 선한 천사』의 저자이고 하이트는 『바른 마음』의 저자이다.

만들기도 하고 보이는 존재로 드러나게도 한다.

　법률, 사법 체계가 어떠한가에 따라 악인지 아닌지, 죄인지 아닌지가 판별된다. 히틀러 통치하의 나치법은 유대인 차별을 악으로 규정하지 않았다. 나치 체제는 유대인종은 게르만 민족의 선민 이데올로기의 이름으로 독일에서 제외되어야 하고 말살되어야 한다고 믿었다. 남아프리카공화국의 아파르트헤이트, 르완다의 인종학살, 캄보디아의 킬링 필드 등은 정치 권력의 법적 권위 아래 자행된 극악이었다. 우리나라도 5·18민주화운동에 관한 여러 종류의 특별법이 제정되었는데, 이러한 법들은 직간접으로 국가 폭력을 죄악으로 규정하고 5·18 사건의 정당성을 인정하는 법률로 볼 수 있다.

　그러므로 우리는 악에 접근하는 패러다임으로서 악을 법과의 관계에서 고찰하는 방법론을 채택할 수 있다. 또한, 법은 사회 체제와 사회 구조의 변화에 따라 악한 것을 악이 아닌 것으로, 악이 아닌 것을 악한 것으로 제정할 수 있다. 아이히만은 재판 심문 과정에서 자신은 법이 명령하는 의무를 수행했을 뿐이라고 말했는데, 이는 바꾸어 말하면 일방, 홀로코스트는 평범악의 범주에 넣을 수 있다고 해도 타방, 평범악의 원인이나 이유는 나치의 사법 체계나 제도에서 찾아질 수 있다는 뜻이다. 이 경우 법은 악의 원천일 수 있음으로 나타난다. 여기서 역설적인 사태이지만 테러 역시 악하고 불법한 것이지만 법률에 부합할 수 있는 것으로 나타난다. 따라서 법과 악의 관계는 복잡하고 중층적인 관계이므로 투명하게 규명하기는 쉽지 않다. 선과 악, 유죄와 무죄가 뒤바뀌는 일이 발생할 수 있기 때문이다. 앞서 말했다시피 법은 그 법으로써 폭력에 근거를 제공하고 폭력을 보존하기 때문이다.

홀로코스트에 내포된 아이히만의 사유 불능, 무사고가 어떻게 가능한가 하는 물음에 대하여 그 한 가지 대답은 나치 이데올로기가 독일의 법 이념에 미친 영향을 추적함으로써 주어질 수 있을 것이다.14) 여기에 더하여, 그 당시의 판사나 검사와 같은 법률가 그리고 그들의 행동을 통해 규명될 수 있을 것이고15) 나아가서 나치즘 하의 정치와 법, 제도와 법, 사회 질서와 법, 혁명과 법의 관계16) 등을 연구함으로써 주어질 수 있을 것이다. 이러한 접근을

---

14) Ari Hirvonen, Janne Porttikivi, eds., *Law and Evil: Philosophy, Politics, Psychoanalysis* (Routledge, 2010), p. 9.

15) Hirvonen, 같은 곳.

16) 미국 법학자 해롤드 버만은 서양법의 전통 형성에 지대한 영향을 미친 요소가 서구 사회의 혁명임을 보여주었다. 그런데 혁명은 악을 물리치는 목적을 가지고 있다. 따라서 서양법의 전통은 악의 적폐를 겨냥한다. 버만의 『법과 혁명 I, II』(김철 옮김, 한국학술정보, 1983, 2003)는 역사적 법이론을 제창한 획기적인 저서이다.

우리나라에 적용하면 박정희 통치하의 유신 독재 시절 판사나 검사의 행동을 분석함으로써 악법의 명령에 충실한 메커니즘을 부분적으로 밝힐 수 있을 것이고 정의를 가장한 법실증주의의 가면을 벗길 수 있을 것이다.

"법은 … 홀로코스트의 필수적 도구였고 홀로코스트는 법적 … 사건이었다."[17] "그것은 독일 법체계 내에서 일어났고 악은 법치를 통해 자행되었다."[18] 그러므로 법이라는 원리에 의해 법은 지켜져야 한다는 주장은 법에 대해 윤리적으로 맹목적이 되며 도덕적, 정치적 고려를 회피하는 법의식이다. 이것은 법의 정당성을 묻지 않고 예외상태로 두며, 따라서 법의 법적 구속력은 유효할지 모르지만, 도덕적 구속력은 무력화된다. 도덕법이 파괴된다. 도덕법이 파괴되면 법 내의 악한 것이 일부라고 하더라도 그 악한 것이 또 다른 악한 것을 불러들일 수 있다. 이로써 악한 것은 힘을 키우고 악의 세력은 드세진다. 법과 도덕성의 차이, 법적 의무와 도덕적 의무의 차이가 없어지고 붕괴하면 그리된다. 그리하여 법과 정의는 왜곡된다. 법률가들이 법에 복종하고 법을 적용하고 해석한다 해도 법적 의무와 도덕적 의무 사이의 경계는 이미 허물

---

17) Hirvonen, p. 119.

18) Hirvonen, 같은 곳.

어져 있다.

법과 도덕은 분리되고 법과 도덕의 고유한 영역은 그 구분이 흐려지며 법적 지배가 도덕적 지배보다 우세하게 된다.[19] 인간만사가 사법화되는 추세가 이를 방증한다. 그러나 법이 있지만 옳은 일을 해야 할 때가 있고 시행하는 법이 진리가 아닐 때가 있다. 법을 실행할 때 폭력을 행사할 수 있고 그 결과로 법은 범죄의 폭력성을 더욱 강화할 수 있다. 법을 정하는 데 폭력이 있고 법을 지키는 데 폭력이 있다. 따라서 사회에서 법과 도덕의 분리 현상과 구조화는 경계해야 한다.[20] 그러므로 우리는 도덕이 더욱 법적이 되고 법이 더욱 도덕적이게 되는 길을 찾아야 한다.

요컨대, 악과 선이 법의 지도와 명령에 따라 실행될 수 있다. 법은 악을 규정하는 반면, 악은 법 내에 존재할 수 있다. 불의와 악은 역사적 현실이다. 법은 역사적 현실과의 연관 구조에서 제정되고 적용되며 해석된다. 우리는 법률 만능주의를 믿지 않지만, 법치주의 속에서 살아가기 때문에 우리가 사는 현실 세계에 출현

---

19) 버틀러, 『비폭력의 힘』, 김정아 옮김(문학동네, 2021), 160쪽

20) 법과 도덕의 분리, 법도덕주의와 법실증주의의 대립에 대해서는 다음 논문을 참조. 김덕수, "법적인 도덕과 도덕적인 법", 『대동철학』 97집, 2021, 이병탁, "아도르노의 도덕철학", 『대동철학』 82집, 2020, 229–253쪽.

하기 마련인 악을 다루고 처치하려고 법 또는 법률에 주목하지 않을 수 없다.

### (3) 사회-문화적 접근

갈등은 인간의 사회적 조건이다. 여기에는 악, 고통, 죽음, 죄, 살인, 폭력, 전쟁 등이 포함된다. 인간은 그와 같은 사회적 조건에서 살 수밖에 없다는 것이 사회학적 연구의 기본 통칙이다. 이러한 악과 고통은 근대의 계몽사상 덕분에 많이 나아진 편이지만 동시에 근대성의 어두운 면면들과 부정적 모습들 역시 많이 드러났다. 최근 약 50년 동안 벌어졌던 근대성과 탈근대성 사이의 이데올로기전으로 인해 근대성의 누아르가 세계적으로 널리 알려졌지만, 여전히 근대성의 보편적 가치는 쉽게 저버릴 수 없는 인간 문명의 위업이다.

근대 사회와 문화는 500년 동안 형이상학을 벗어나는 길을 걸어왔다. 탈형이상학적 근대성은 인류에게 물질적 풍요로움을 가져다주었으나 이전처럼 사물과 세계의 올바른 질서와 원리가 존재한다는 형이상학적 믿음을 신뢰하지 않게 되었다. 인간은 어디로 와서 어디로 가는가? 나는 죽으면 어떻게 되는가? 나는 나의 삶으로 무엇을 해야 하는가? 나는 어떻게 살아야 하는가? 나

의 삶의 의미는 무엇인가? 이러한 실존적 물음에 대해 현대 사회
는 탈종교적이고 탈형이상학적이 되어서 답을 할 수가 없다. 설
령 답이 제시되었다고 해도 그 답은 합의를 보기 어렵다. 이러한
실존적 물음에 대해 현대 사회는 개인마다 답이 다르다.

현대인은 현대 사회에서 대부분 대중 매체와 문화에서 삶의 의
미와 가치를 추구한다. 특별히 형이상학적이거나 철학적인 관심
에서 그 물음을 추구하는 사람은 희귀하다. 이에 대한 비판적 반
성으로 인간은 빵만으로 살 수 없다는 성경의 지혜로 대응할 수
있다. 즉 이러한 반성을 기반으로 해서 사회학은 개개의 사회들
이 모든 인류 앞에 놓이는 이러한 실존적 물음을 붙들고 어떻게
씨름하고 해결하고자 노력하는지를 연구할 수 있다. 존 캐롤은
이러한 사회학을 "형이상학적 사회학"이라 이름한다.21) 사회학
연구 분과로 분류하면 문화 사회학, 사회 인류학에 속하는 연구
주제라고 할 수 있다.

캐롤에 의하면 이러한 실존적 근본 물음은 의미의 문제에 속한
다. 예를 들어 죽게 되면 나는 어떻게 되는가 하는 물음은 반드시

---

21) Sara James, ed., *Metaphysical Sociology* (Routledge, 2018), pp. 1-2.
   그리고 존 캐롤은 이러한 형이상학적 사회학의 혈통에 속하는 인물로서
   베버, 니체, 뒤르켐, 리즈만(David Riesman), 리프(Philip Rieff), 바우
   만(Zygmunt Bauman)을 든다.

삶의 의미의 문제를 제기한다. 인간은 죽을 수밖에 없는 존재이기 때문에 죽음은 반드시 사람에게 의미의 문제를 제기하기 마련이다. 죽으면 끝인가? 물질적인 것이 삶의 전부인가? 나는 죽으면 육체는 부패해지고 정신은 없어지는가? 사후에도 의식은 존재하는가? 삶에 더 의미 있는 차원은 없는가? 톨스토이는 이러한 물음에 직면해서 자신의 삶이 순간적으로 정지한 체험을 한 적이 있다고 고백했다.

캐롤은 현대 사회와 문화가 의미의 위기를 겪고 있다고 진단한다. 근대 사회는 신앙의 시대에서 무신앙의 시대로 변천해 왔다. 현대 사회는 무신의 시대이다. 이러한 시대 상황에서 현대인들은 의미를 찾지만, 자신의 삶을 이끌어줄 보편적 의미는 없다. 근대 문화는 종교적, 전통적 권위를 인간 이성으로 대체했고, 결과적으로 의미의 과잉으로 인한 의미의 위기를 겪고 있기 때문이다. 현대인은 심리학적으로 영적으로 기아 상태에 빠져 있는 문화적 쇠퇴 상태에 있다. 인간이 형이상학 없이 살기로 한다면 이는 당연한 귀결인지도 모른다.

한동안 한나 아렌트의 남편이기도 했던 귄터 안더스는 현대를 종말의 시대Last Age라고 평가하면서 죽음조차도 무의미하다고 말한다. 이 시대에 개인의 죽음은 더는 의미 있는 것이 될 수 없다. 아우슈비츠, 히로시마, 나가사키의 죽음은 개인의 죽음을 무의미하게 만들었다. 이것은 근대정신이 가져온 흑암의 일부이다. 그것은 근대성의 빛에 드리운 칠흑같이 어두운 그림자이다. 이러한 암흑가의 시대를 사는 이들에게는 이 지구상에 어떠한 테러리즘이 발생해도 "뭔 상관이야", "뭐 그리 중요한가", "상관 없어"라고 말할 수 있는 일이 가능해진다. 의미의 위기가 의미 없어지는 이러한 환경에서 자살 테러가 발생하는 일은 그렇게 놀랄 만한 일은 아니다.

테러리즘의 위협은 어제오늘의 일은 아니지만 캐롤은 알카에다의 9·11 테러를 삶의 의미와 목적에 관한 의심을 극복하려는 시도로서 묘사한다.22) 9·11 테러는 근대 사회와 문화의 흐름에 어떤 구조적 충격을 가함으로써 근대성이 가져온 절망을 극복하고자 한다. 서구 사회에 대한 빈 라덴의 테러 공격은 의미 있는 행동이 무엇이고 개인의 단독자로서의 삶이 지니는 가치가 어디에 있는지를 묻고 그 해결책을 찾는 방식으로 이루어진 것이다. 캐롤은 9·11 테러 공격이 테러리즘이 전 지구적 경제 불평등과 미국의 제국주의의 산물이라는 인식은 그 테러에 내재하는 형이상

---

22) Sara James, ed., *Metaphysical Sociology* (Routledge, 2018), p. 111.

학적 의미의 위기를 오도하는 것이라고 본다.23) 그는 그러한 인식은 오사마 빈 라덴의 인격성을 오해하는 것으로 생각한다. 캐롤이 드러내고자 하는 것은 테러주의자의 인격성은 제도화된 도덕성에 대한 폭력적 투쟁을 통해서 자기실현을 성취하고자 하는 것에 강박되어 있다는 점이다.24)

모든 도덕성은 자아의 구성물이기 때문에 그들은 그 구성물이 자기실현의 장애물로 기능할 때 그 구성물을 제거하는 것을 자신의 책임으로 여긴다. 따라서 이러한 확신에서 방해가 되는 도덕성이나 이데올로기를 끊임없이 공격한다. 이 점에서 그들의 자아는 무정부주의적이다.25) 그들은 외부에서 주어진 제도화된 거대한 모든 도덕적 가치들에 맞서, 그것들은 단지 소외된 구성물이라고 밝히면서, 절대적 상대주의를 모면하고자 자신의 자아에서 기원을 발견하는 새로운 가치 체계를 부과한다.26)

그러므로 테러주의자의 폭력 행위는 강고한 기득권을 가진 도덕성의 모든 고정 관념을 극복하는 과정에서 숭고하고 신성하다.

---

23) James, 같은 곳.

24) James, 같은 곳.

25) James, 같은 책, p. 112.

26) James, 같은 책, p. 113.

그들의 에고이즘적 자아는 법이고 최고 주권이다. 이러한 테러리 즘의 논리에 따르면 테러주의자는 이데올로기에 지배되지 않는 다. 도리어 이데올로기는 테러주의자의 의지에 복종한다. 이데올 로기는 자아와 그 의지의 피조물이고 기존 이데올로기의 파괴자 이다.

이처럼 테러주의적 인격에 관한 무정부주의적 심리학은 테러 리즘을 의미의 위기를 극복하는 폭력 행위로 해석한다. 테러리즘 은 외부에서 부과된 도덕적 경계를 극복함으로써 자기를 실현하 고27) 의미를 발견하는 시도이다. 테러리즘은 의미의 위기에 기인 하는 문화적 절망, 근대성의 조건들이 가져온 불안과 도덕성의 위기를 극복하는 해결책으로서 테러주의적 자아를 내세운다.

그러나 테러리즘의 자아는 내적 자기 극복이 아닌 외적 자기 고 양이고 반성과 성찰이 없다. 테러주의적 자아는 냉혹한 독단주의 이다. 그들의 자아는 자기를 극복하지 않고 타자를 극복하고자 한다. 그들의 자아는 현존하는 문화적 근대성의 조건과 현실을 극복할 능력도 탈근대성의 불안과 도덕적 위기를 직면할 능력도 없다. 500년 동안 달려온 근대성이 초래한 의미의 위기가 테러주 의적 자아에 의해 해결될 리가 없다. 테러 행위는 현존하는 정치

---

27) James, 같은 책, p. 115.

적 현실을 극복하려는 급진 정치 활동가의 무능력에서 출현하는 원한과 증오이다. 악의 사회학은 근대가 시작한 이래 500년 동안 나타난, 영화 누아르 같은 사회학적 누아르를 비판적으로 반성하고 근대성에서 기인하는 악폐를 타파할 수 있는 사회적 실천을 지도할 수 있어야 할 것이다.

### (4) 역사적 접근

역사적으로 인류가 악을 좋아하고 인간 본성의 악한 면에 끌림이 있었던 것은 사실인 것 같다. 우리는 그러한 역사적 사실을 직면하여 우리가 그들과 같이 되지 않으려고 역사에서 교훈을 얻는다. 역사는 "우리 조상들이 악을 좋아한 것 같이 우리가 악을 좋아하는 사람이 되어서는 안 된다"[28]는 것을 우리에게 가르쳐준다. 문학의 역사를 보아도 악의 심연을 깊이 체험하고 악에 대한 앎을 끝없이 추구한 쟁쟁한 문학가들이 많이 있다. 바타이유가 악의 문학가로 드는 사람을 열거하면 에밀리 브론테, 보들레르, 미슐레, 윌리엄 블레이크, 사드, 마르셀 프루스트, 카프카, 주네이다.[29]

---

28) 고린도전서 10:6 (표준새번역).

29) 조르주 바타이유, 『문학과 악』, 최윤정 옮김 (민음사, 1995).

사회의 안정과 평화 그리고 공동체의 삶을 위협하고 파괴하는 악을 왜 우리는 근절할 수 없는 것일까? 멀리해야 할 악이 왜 인류의 역사에서 하나의 가치인 양 추구되는 것일까? 악은 역사 속에서 사람과 사건에 의해서 또는 사람과 사건을 통해서 실존하는 역사적 현실이다. 악은 역사 속에서 어떤 형태로든지 간에 작용하고 있다. 프랜시스 후쿠야마는 20세기 후반에 사회주의 국가들이 몰락하는 역사적 과정을 지켜보고 역사는 자유민주주의 단계에서 끝나고 완결되었다고 주장했지만, 역사에는 여전히 악이 존속한다. 그러나 여전히 역사의 어느 시점에 가서는 악이 세상에서 일소되고 세상의 끝날에 역사가 완성될 것이라는 종말론적 역사관이 있다.

흔히들 종말론적 역사관은 세상은 끝날 터이니 우리가 하는 모든 행동은 무의미하고 무용하다는 주장으로 이해된다. 그러나 사실은 정반대로 해석하는 것이 맞는다. 즉 종말론적 역사관은 **시간의 종말**에 관심을 가지는 것이 아니라 **종말의 시간**에 주목한다.30) 바꾸어 말하면 세상의 종말이 하루밖에 남지 않아도 그 종말의 시간에 무엇을 할 것인지가 중요하다는 것을 가르친다.

---

30) Giorgio Agamben, *The Mystery of Evil* (Stanford University Press, 2017), p. 14. 강조는 원문대로임.

역사는 종말의 시간을 가지고 시간의 종말을 향해 진행한다. 역사는 시간의 종말이 올 때까지 악과 함께하고 악은 세상 끝날까지 지속한다. 악은 역사의 한복판에서 역사에 대한 최후의 심판 때까지 비밀스럽게 또는 신비스럽게 활동한다. 악의 비밀, 악의 신비는 바울이 말하는 "불법의 비밀"mystery of lawlessness 31)에

---

31) 데살로니가후서 2:7. 이 종말론적 용어가 나오는 맥락을 잘 이해하기 위해 관련된 성경 본문 단락을 아래에 제공한다. 이 단락은 예수의 재림과 세상의 종말이 오기 전에 반그리스도의 반역 사건이 일어날 것이라는 점을 말하고 있다. 이 단락에 대한 자세한 설명은 다음을 참조. 존 스토트, 『데살로니가 전후서 강해』, 정옥배 옮김 (IVP, 1993), 189–209쪽.

(1) 형제자매 여러분, 우리 주 예수 그리스도께서 다시 오시는 일과 우리가 그분 앞에 모이는 일을 두고 여러분에게 간청합니다.

(2) 여러분은, 영이나 말이나 우리에게서 받았다고 하는 편지에 속아서, 주님의 날이 벌써 왔다고 생각하게 되어, 마음이 쉽게 흔들리거나 당황하는 일이 없도록 하십시오.

(3) 여러분은 아무에게도 어떤 방식으로도 속아 넘어가지 마십시오. 그 날이 오기 전에 먼저 믿음을 배신하는 일이 생기고, 불법자 곧 멸망의 자식이 나타날 것입니다.

(4) 그는 신이라고 불리는 모든 것이나 예배의 대상이 되는 모든 것에 대항하고, 그들 위로 자기를 높이는 자인데, 하나님의 성전에 앉아서, 자기가 하나님이라고 주장할 것입니다.

(5) 내가 여러분과 함께 있을 때에, 이런 일을 여러분에게 거듭 말했다는 것을 기억하지 못합니까?

(6) 여러분이 아는 대로, 그자가 지금은 억제를 당하고 있지만, 그의 때가 오면 나타날 것입니다.

(7) 불법의 비밀이 벌써 작동하고 있습니다. 다만, 억제하시는 분이 물러나실 때까지는, 그것을 억제하실 것입니다.

(8) 그 때에 불법자가 나타날 터인데, 주(예수)께서 그 입김으로 그를 죽이실 것이고, 그 오시는 광경의 광채로 그를 멸하실 것입니다.

해당한다. 그러면 불법(자)man of lawlessness의 비밀이란 무엇인가?
이 비밀에 대한 해석은 다양하다. 이 절에서는 아감벤의 해석을
소개함으로써 그가 악을 어떻게 이해하는지를 보여주고자 한다.

종말의 시간의 역사는 역사의 종말은 아닐 것이다. 말하자면,
그 역사는 종말론적 시간에 있을 것이다. 종말론적 시간에 임하
는 역사는 신성한 드라마와 같다.32) 신성한 드라마라고 말하는
이유는 그 역사에 인간의 구원과 저주가 현전하기 때문이다. 그
러한 역사의 구원은 보는 자에게 일종의 신비와 같다. 바울이 "내
가 여러분(데살로니가 교회 사람)과 함께 있을 때에 이런 일을 여
러분에게 거듭 말했다는 것을 기억하지 못합니까?"33)라고 말한
바로 그 신비이다.34) 그것은 역사의 신비이고 악의 신비이고 불법

---

(9) 그 불법자의 나타남은 사탄의 작용에 따른 것인데, 그는 온갖 능력과 표
징과 거짓 이적을 행하고,

(10) 또 온갖 불의한 속임수로 멸망을 받을 자들을 속일 것입니다. 그것은,
멸망을 받을 자들이 자기  를 구원하여 줄 진리에 대한 사랑을 받아들이
지 않기 때문입니다.

(11) 그러므로 하나님께서는 미혹하게 하는 힘을 그들에게 보내셔서, 그들로
하여금 거짓을 믿게 하  십니다.

(12) 그것은, 진리를 믿지 않고 불의를 기뻐한 모든 사람들에게 심판을 내리
시려는 것입니다.(살후 2:1-12)

32) Agamben, *The Mystery of Evil* , p. 31.

33) 데살로니가후서 2:5.

34) 이 신비에 대해서 아우구스티누스는 솔직하게 다음과 같이 고백한다.

의 신비이다.

이 드라마에는 세 인물이 등장한다.35) 이 세 인물은 억제자카테콘, 불법자아노모스, 구원자메시아로서, 서로 갈등 또는 변증법의 형식으로 무대에 출연한다. 역사에는 구원하는 자가 있고 이를 막고 저지하는 자가 있으며 그 사이에서 불법 또는 불법자가 있다. 그 갈등의 변증법적 구조는 이렇다.36)

메시아는 종말론적 시간에 역사에 등장해서 현존하는 모든 법을 작동하지 못하도록 효력을 정지시킨다. 즉 모든 법을 불법화하고 무법으로 만든다. 그래야만 자신이 법의 주권자로서 인간의 행동을 심판할 수 있기 때문이다. 그러나 그동안 역사에서 비밀리에 활동하는 억제자는 이러한 무법 상황을 허락하지 않는다. 자신이 권력을 쥔 채 (불)법을 다스려 왔기 때문이다. 그는 메시아가 가져오는 구원의 시간을 늦추고 불법의 비밀이 드러나는 것을

---

"우리는 저 사람들(데살로니가 교회 사람)이 이미 알고 있던 바를 알지 못하기 때문에 애써 사도가 의도하는 바에 도달하고 싶어하지만 도달하지 못한다. … 사도가 무슨 얘기를 했는지는 나도 모르겠다." 한마디로 그는 사도가 데살로니가 교회에 들려준 이야기가 있고 그들 서로는 그것을 알고 있지만 우리는 모르기 때문에 자신도 모르겠다는 것이다. 이 비밀 이야기를 아감벤은 역사의 신비로 보고 이를 해명하고자 한다.

35) Agamben, *The Mystery of Evil*, p. 32.

36) Agamben, *The Mystery of Evil*, pp. 33-35; 복도훈, 『묵시록의 네 기사』, 59-63, 77-78쪽 참조.

지연시킨다. 그러나 더는 이 비밀을 늦출 수 없는 때가 온다. 불법의 비밀이 백일하에 폭로된다. 불법은 더는 억제되지 않고 불법으로 폭로된다. 오늘날 국가의 법, 독재의 법이 그럴 때가 많다.

그러므로 그는 그동안 은밀하게 불법을 자행하는 자이고 불법이 드러나지 않도록 그 역학을 잘 제어해 왔지만 이제 더는 억제자로 존재할 수 없다. 출구는 그가 커밍아웃함으로써 역사의 구원과 최후의 일전을 벌이는 것이다. 드디어 그는 자신의 모습을 공개적으로 드러낸다. 억제자는 불법자요, 반동자요, 반역자로 나타난다. 메시아는 이제 불법자인 그를 심판할 수 있다.

억제자가 법을 거머쥔 채 불법을 억제하는 양 가장하는 것이야말로 바로 불법이고 동시에 불법자의 비밀이다. 그것이 불법의 신비요 악의 신비처럼 보이는 것이다. 그러나 전혀 비밀도 신비도 아니다. 불법이 불법을 감추고, 불법임이 드러나지 않도록 하는 것, 그와 동시에 불법으로 나타나기 마련인 것이야말로 불법의 비밀로서, 악의 신비로서 바울이 데살로니가 교회 사람들에게 가르쳐 주었던 것이다. 역사가 신비롭게 보이는 것도 그 때문이다. 따라서 역사는 결코 신비하지 않다. 억제자와 불법자는 동일 권력의 두 가지 존재 방식이나 다름없기 때문이다.37)

---

37) 조르조 아감벤, 『남겨진 시간』, 강승훈 옮김 (코나투스, 2008), 184쪽.

종말론적 역사관은 이러한 역사적 신비의 은폐 구조를 직시할 때 교회의 악, 사회의 악, 역사의 악, 권력의 악, 국가의 악과 싸울 수 있는 능력과 힘을 가질 수 있다. 억제자는 역사의 지체와 시간의 정지를 원한다. 그렇게 되면 역사에 대한 결정적 구원의 시간은 언제나 연기된다. 역사적 상황 속에서 종말론적 전망에서 내리는 구원의 결단 없이는 역사의 악은 구제될 수 없다. 역사적 과정에서 작용하는 불법의 비밀과 그 폭로 없이는 악의 신비도 제거되지 않는다. 역사의 메시아는 그러한 불법의 비밀을 투철하게 인식하고 역사적 행동을 실행에 옮기는 자이다. 그럴 때 악은 "하나님의 성전에 앉아서 자기가 하나님이라고 주장"38)하는 일을 삼갈 것이고 "불법자 즉 멸망의 자식"39)을 죽이고 폐할 수 있을 것이다.40)

---

그리고 이러한 불법의 비밀의 원리에 따라 자본주의 정치의 교활한 폭력성을 고발하고 비판하는 논의에 대해서는 다음을 참조. 윤인로, "신정정치로서의 자본주의: 불법의 비밀에 관하여", 『마르크스주의 연구』 12(1), 2015, 150-192쪽.

38) 데살로니가후서 2:4.

39) 데살로니가후서 2:3.

40) 아감벤은 이러한 종말론적 결단의 맥락에서 베네딕토 16세의 사임 결정을 이해한다. 그는 교황 베네딕토 16세의 사임이 교회의 악과 싸우는 역사적 모범 행동으로 해석한다. 알려진 바에 따르면, 교황 베네딕토 16세의 자진 사임(2013.2.28.)은 고령으로 인한 건강상의 이유에서였지만 사실, 교황과 교황 측근과 교황청을 둘러싼 여러 추문과 부패로 인한 것

### (5) 혁명론적 접근

독일 출신 미국 사회 철학자이자 기독교 사상가인 유진 로젠스톡-휘시]Eugen Rosenstock-Huessy, 1888-1973는 "혁명"은 "서구인의 자서전"이라고 말한다.41) 즉 혁명은 서구 인간들의 생애이고 활동이며 기억이다. 그것은 서구인의 과거요 현재이다. 그리고 미래이다. 미래는 과거와 현재 없이는 불가능하고 그 영향과 누적 효과에 의해 규정되기 때문이다. 서구 사회와 문명은 혁명으로부터 탄생했고 혁명은 유럽과 미국의 문화와 인간들이 어떻게 나났는가를 설명해 준다. 그뿐만 아니라 서구에서 일어난 혁명은 나머지 세계의 형성과 형상을 특징지었다.

휘시가 다루는 서구 혁명은 6가지이다. 교황혁명교황 그레고리 7세의 개혁 42), 독일혁명종교개혁, 영국혁명, 프랑스대혁명, 미국독립

---

이었다고 보도된 바 있다. 이것이 진실이라면 교황은 자신에게 주어진 종교적 최고 권위를 내려놓는바 십자가를 본받는 용단을 보여주었다고 하겠다. 높은 지위와 권위를 가지고 있는 한국 개신교계의 지도자들이 교회의 악과 싸울 때 이러한 본보기가 되는 행동을 보여줄 수 있을지 의문스럽다.

41) Eugen Rosenstock-Huessy, *Out of Revolution: Autobiography of Western Man* (Wipf and Stock, 2013). 이 책의 최초 출간 연도는 1938년이다. 로젠스톡-휘시의 사회철학사상에 대한 개괄적 이해를 위해서는 다음 논문을 참조. 조효원, "현실의 십자가", 『서강인문논총』66집, 2023, 221-257쪽.

42) 교황혁명은 1075년 교황 그레고리 7세가 사물과 세계의 올바른 질서를

혁명, 러시아혁명이다. 이 여섯 개의 혁명은 장기적으로 진행된 사회 전반적인 총체적 혁명이었다. 이들 6대 세계혁명의 특징은 네 가지로 정리된다.43) 첫째, 정치, 사회, 경제, 문화, 종교, 법 등의 영역에 일어나는 전면적인 변화 또는 변혁이다. 둘째, 혁명이 진행되어 감에 따라 그 속도가 수년간을 이어서 해마다 신속하게 전개된다. 셋째, 혁명 과정이 계급투쟁이나 내전뿐만 아니라 외국과의 전쟁으로 팽창한다. 넷째, 혁명 기간이 두 세대나 세 세대 또는 그 이상에 걸치면서 혁명 대의가 협상, 조정, 재정립된다.

이러한 대혁명들의 하나하나의 표어들은 "세상을 개혁하는 것" 이었다.44) 최초의 세계혁명이라는 교황 혁명, 독일인의 종교혁

---

통치하고 하나님의 평화를 이 땅에 이루는 권위와 권세는 교황에게 있다고 확신하고 모든 성직자와 세속 지배자들에게 자신의 명령을 따를 것을 명한 칙서를 천하 만민에게 공포한 사건을 말한다. 이 칙령으로 교황은 모든 교회에 대한 교황권의 정치적, 법적 우위를 선언하고 성직자 계급이 왕과 군주의 세속적 권위보다 우위에 있고 독립적임을 선포했다. 따라서 교황은 황제와 왕을 폐위하는 권한뿐만 아니라 세속사에 관해서도 황제권보다는 교황권이 우위에 있음을 단언했다.

43) 해롤드 버만, 『법과 혁명1』, 김철 옮김 (한국학술정보, 1983), 276쪽. 버만은 미국의 법학자로서 로젠스톡-휘시의 수제자급 인물이다. 버만이 쓴 글이 서론으로 실려 있는 책이 바로 로젠스톡-휘시의 책이다. Rosenstock-Huessy, *Out of Revolution: Autobiography of Western Man*, pp. xiii-xviii. 『법과 혁명』은 버만이 로젠스톡-휘시의 책에 감명을 받고 법이론 분야에 적용해서 나온 역작이다.

44) 버만, 『법과 혁명2 (전)』, 김철 옮김 (한국학술정보, 2003), 28-29쪽.

2. 악의 분석 • 63

명 그리고 영국혁명은 "새로운 하늘"과 "새로운 땅" 즉 전혀 새로운 세상을 맞이한다는 성경에서 나오는 믿음과 전망을 가지고 있었다. 미국독립혁명과 프랑스혁명은 창조주가 부여한 인류의 이성을 가장 높은 지위에 두고 따라서 창조주가 부여하였기 때문에 타인에게 양도할 수 없는 권리와 자유를 가진다는 똑같은 믿음을 채택하였다. 이 믿음은 창조주에 대한 신앙에서 비롯되었고 창조주가 부여한 인간의 이성에 기초하고 있다. 러시아혁명은 계급 없는 사회, 다시 말해서 모두가 형제자매인 한 인류이고 모든 사람은 저마다 그의 필요에 따라서 필요한 것을 충족할 수 있는 사회를 건설하려는 무신론자들의 메시아적 역할을 선전하고, 선동했다.

로젠스톡−휘시가 이 모든 세계혁명을 바라보는 근본 비전은 이들 대혁명이 하나님이 인류의 하나됨을 시험하는 섭리 속에서 일어났다는 것이다.45) 일반적으로, 로젠스톡−휘시의 혁명론은 기독교적 메타 역사관이라고 규정된다. 그의 고백에 의하면, 자신의 저서 『혁명으로부터: 서구인의 자서전』*Out of Revolution: Autobiography of Western Man*은 1차 세계 대전에 일어난 유명한

---

45) Rosenstock−Huessy, *Out of Revolution: Autobiography of Western Man*, p. 712.

베르덩 전투46)에 참여하던 중에 발견하게 된 통찰이었다.47) 자신의 책은 세계 역사에서 고통스럽게 죽은 수백만, 수천만 명의 고통에 빚지고 있는 세계사의 자서전이라고 한다.48)

유럽의 세계혁명은 혁명을 겪는 와중에 증오, 살인, 폭력, 내전 등을 자행했지만 이들 혁명에 관여된 개개의 민족들은 유럽 민족의 한 가족으로서 어떤 민족도 그 목적에서는 소인배적이 아니었다. 그들의 목적은 인류의 보편적 가치의 씨앗을 담아 약 천년의 세월을 거치면서 오늘에 이르러서는 열매를 맺었다. 교황혁명은 교황권의 확립을 통해서 이웃 사랑이라는 하나님의 뜻과 가치를 기독교 제국 속에 구현하는 것이었다. 종교개혁은 교황과 평민의 구별을 없애고 하나님의 뜻을 성직자와 평신도 사이의 차별 없이 실현하려는 것이었다. 영국혁명은 민주 의회 제도를 수립하는 것이었다. 프랑스대혁명은 시민의 주권과 민주정치를 확립하는 것이었다. 미국혁명은 인간의 기본 권리와 자유 그리고 민주주의와

---

46) 베르덩 전투는 1차 세계 대전 중 1916년에 프랑스와 독일 사이에 있었던 극렬한 전투였다. 이 전투에서 양측 200만이 사망했고 프랑스가 승리했다. 그러나 너무나 치열하고 지독한 전투였던지라 양국은 전쟁에 치를 떨었다.

47) Rosenstock-Huessy, *Out of Revolution: Autobiography of Western Man*, pp. 5-6.

48) Rosenstock-Huessy, 같은 책, p. 7.

자유주의의 헌법을 채택하는 것이었다. 러시아혁명은 절대적 평등이라는 사회주의의 이상을 실현하고자 소비에트 연방 형태의 국제적 협력 체제를 구축하는 것이었다. 이 모든 혁명은 유럽의 세계혁명이 인류에게 유산으로 물려준 가치들이 지금에 와서는 거부할 수 없는 보편적이게 된 것임을 확인한다.

이러한 유럽 민족의 혁명적 이념과 가치들은 현재의 인류를 있게 한 사회적 역사적 힘임이 분명하다. 그렇다면 유럽의 세계혁명은 인류가 그 앞에 잠시 잠잠해질 것을 명한다. 우리는 그 세계혁명을 이렇다 저렇다 심판하기 전에 그 세계혁명 앞에 머리를 조아릴 필요가 있다. 그 세계혁명 속에 존속했던 믿음, 소망, 사랑 그리고 증오와 공포는 오늘날의 인류에게 그 세계혁명의 가장 깊은 저 밑바닥에서 우리의 미래가 어떠해야 할지를 알려주는 어떤 음성을 들려주는 듯하다.

그러나 불행하게도, 유럽의 세계혁명은 그 목적과 숭고한 뜻을 실행하다가 여러 잘못과 결함을 증시했다. 이들 6개 혁명은 넓은 의미에서 세상의 불의를 몰아내고 하나님의 공의와 정의를 실현하는 것을 목적으로 삼았다. 하지만 최초의 세계혁명인 교황혁명은 성 프란치스코 수도회와 같은 그리스도의 십자가 사랑을 실현하기에 이르렀지만, 십자군 전쟁, 서임권 투쟁을 비롯해 교황과 국왕의 권력 암투에 빠졌다. 마침내 교황제도의 부정부패는 정화될 수 없었고 낮은 자로 와서 이웃을 사랑한 예수의 정신은 지키지 못했다.

그로 말미암아 발생한 독일의 프로테스탄트 혁명은 그 대단한 정치적 사회적 문화적 파급 효과에도 불구하고 종교전쟁으로 이어졌고 신·구교 사이의 전쟁은 신교나 구교나 모두 하나님의 뜻을 저버리는 길을 걸었다. 양측을 각각 지지하는 민족들 사이의 화해와 통합은 하나님 안에서 한 가족임에도 이루어지지 못했다.

이 모두는 인류가 기독교의 사랑과 정의에 대해 실망하고 다른 길을 찾도록 만든 결과를 초래했다. 교황제도와 교회의 개혁은 제 나름으로는 하나님의 뜻과 섭리를 따른다는 것이었으나 결과적으로 기독교를 불신하게 만드는 역작용이 발생했다. 근대성은 기독교를 저주하게 되었고 전통 기독교의 신앙을 불신하는, 신이 없는 휴머니즘을 추구하는 길을 선택했다. 대신에 많은 우상이 창조되었다. 대표적인 우상이 민족주의, 과학 신앙이다.

영국혁명은 30년 전쟁의 결과로 절대 군주 치하의 유럽에서 발생한 내전이었다. 청교도 공화정, 왕정복고가 있었고 최종적으로 명예혁명으로 종결되었다. 청교도들은 세상의 개혁을 실천했고 엄격한 개인 윤리 의식과 공공정신을 강조했다. 그들은 인간의 역사는 신의 권능 안에 있는 것이라고 믿었다. 그들은 청교도 혁명을 통해서 인간이 누구라고 하더라도 그가 찰스 1세든 2세든 왕위는 절대권좌일 수 없고 교황과 같은 권위는 이제 아예 없다는 것을 확실히 했다. 그러면서도 명예혁명은 그 혁명이 무법적이고 불법적임에도 불구하고 합법하다는 것을 시인한다. 그렇다면 합법성보다 더 막강한 어떤 권위가 있다는 것을 인정하고 천명한 것이다. 그것은 이 세상의 강한 군주, 국왕은 아닐 것이다. 아마도 그것은 위로부터 내려오는 권위 즉 하나님의 절대 주권 및 그 안에서 일어나는 사건을 암시한다. 영국혁명은 바로 이 존재의 힘에 대한 신뢰와 충성을 에둘러 말함으로써 혁명의 소용돌이 속에서도 하나님의 섭리가 작동하고 있음을 망각한 인류에게 일침을 가하는 것으로 생각된다.

미국혁명도 마찬가지다. 미국의 독립이 건국의 아버지들에게 모세의 출애굽과 같은 거대 서사가 현실화하는 사태로 믿어졌고 미국의 건국이 하나님 나라의 출범으로 이해되곤 했다는 것은 기독교 역사가들에 의해 자주 언급되는 사실이다. 미국의 독립과 건국에서 하나님의 백성이 사역하고 있다는 생각은 미국 독립 초기의 지도자들이 공유하고 있었던 것이다. 미국혁명도 하나님이 아브라함과 맺은 약속[49]의 범주에서 일어난 것이다. 따라서 미국 혁명은 인류에게 하나님이 천상에서 말한 언약을 지상에서 유물론적으로 실현하는 도전을 일깨워준다.

프랑스대혁명은 민족에 기초한 국민 국가의 주권을 세우는 신기원을 이루었고 이를 전 세계에 퍼뜨렸으나, 유럽을 비롯한 전 세계 민족들의 각축을 가져왔다. 유럽의 민족 국가들과 세계의 국가들은 민족주의의 기치를 내세웠고 경쟁을 벌였다. 자기 나라의 민족적 우월성 경쟁은 민족 국가의 헤게모니 쟁탈전으로 격화했다. 이는 1차 세계 대전 발발로 이어졌고 독일 민족이 세계 최고의 민족으로 올라서려는 "피와 흙"의 구호 아래 뭉친 게르만족 이데올로기를 낳았으며 결국 히틀러의 파시즘과 홀로코스트 그리고 2차 세계 대전으로 연결된다.

또한, 프랑스대혁명은 지상에서의 비참한 생활고와 구체제의 불의로 인한 고통에서 벗어나려고 하나님 나라가 가까이 오기를

---

49) 창세기 17:5-7. "내가 너를 여러 민족의 아버지로 만들었으니, 이제부터는 너의 이름이 아브람이 아니라 아브라함이다. 내가 너를 크게 번성하게 하겠다. 너에게서 여러 민족이 나오고, 너에게서 왕들도 나올 것이다. 내가 너와 세우는 언약은, 나와 너 사이에 맺는 것일 뿐 아니라, 너의 뒤에 오는 너의 자손과도 대대로 세우는 영원한 언약이다. 이 언약을 따라서, 나는, 너의 하나님이 될 뿐만 아니라, 뒤에 오는 너의 자손의 하나님도 될 것이다."(창 17:5-7)

소원한 민중들의 절규에 프랑스 로마 가톨릭 교회가 아무런 공감
과 사랑도 보여주지 못한 실패에서 일어난 사건이다.

러시아혁명도 사정이 비슷하다. 러시아 정교회는 당시의 민중
의 고통과 아픔에 적절하게 대응하지 못했다. 민중들은 세상의
불의와 고통으로부터 해방되고 싶었고 현존하는 사회적 정치적
종교적 질서에서 벗어나고 싶었다. 그러나 세상의 빛과 소금이어
야 할 동방 정교회는 아무런 역할도 해주지 않았다. 혁명은 필연
적이었고 사람들은 혁명을 통해 필요한 것을 성취해야 했다. 이
렇듯 기독교는 희망의 종교임에도 미래에 대한 희망을 주지 못했
다. 여기에 더하여, 러시아혁명은 러시아에 소비에트 연방 체제
를 세웠고 소련은 공산 진영의 주축국으로 성장하면서 2차 세계
대전 종전 후 자유민주 진영의 미국과 대립하는 냉전 시대를 맞이
했고 이로써 세계는 소련 진영과 미국 진영으로 양분되었다. 이
것이 러시아혁명의 최종 결말이다.

우리가 유럽의 세계혁명사를 이렇게 해독할 수 있다면 이들 혁
명 속에서 관여하는 하나님의 섭리의 손길은 배제될 수 없다. 교
황혁명은 교회가 초기에는 그리스도의 열정과 십자가를 살았던
것을 보여준다. 종교개혁의 루터는 엘리야, 요한, 예수처럼 그 시
대의 예언자로서 예언자적 직책을 수행했다. 영국혁명에서 크롬

웰과 윌리엄 왕은 사사기의 판관처럼 이스라엘을 다스린 신의 음성을 복권했다. 프랑스대혁명은 아담 타락 이전의 자연적 인간의 기본권을 옹립했다. 러시아혁명은 타락 이전의 노동 즉 수고가 아닌 노동, 이상적 노동이라는 사회주의적 이상을 추구했다. 미국독립혁명은 독립 전쟁 관련 팸플릿과 설교 문서에서 노아와 그 아들들을 새로운 세계를 여는 민족의 요람으로 상징화했다.50)

유럽의 세계혁명은 이렇게 민족들은 달라도 "모든 인류를 위한 하나의 보편적 언어"51) 예를 들면, 성경의 서사나 기사를 한동안 특정하게 그러나 저마다 다르게 살았던 역정이다.52) 그런데도 이들끼리의 갈등과 전쟁이 일어난 것은 다른 민족, 다른 영토, 다른 집단, 다른 제도, 다른 신념을 보듬지 않았기 때문이다. 세계혁명가들이 보여준 이웃 사랑이 악일 수 있는 것은 바로 이러한 성향 때문이다. 자기만의 길과 신념을 고수하기 때문이다. 유럽의 민족주의는 유럽의 바벨탑이다.

그러므로 여기서 유럽의 1,000년의 혁명 과정은 민족들의 화

---

50) 유럽의 세계혁명을 성경에 나오는 기사나 서사의 재생성으로 표현하는 부분에 대해서는 다음을 참조. Rosenstock-Huessy, *Out of Revolution : Autobiography of Western Man*, pp. 738-39.

51) Rosenstock-Huessy, 같은 책, p. 739.

52) Rosenstock-Huessy, 같은 책, p. 738.

2. 악의 분석 • 71

해와 통합을 촉구하는 묵시53)로서 계시된다. 유럽의 민족혁명들
은 이 묵시록적 비전을 깨닫는 데 실패함으로써 1914년의 1차 세
계 대전으로 유럽이 무너지고 마침내 1917년의 러시아혁명으로
막을 내렸다. 유럽의 세계혁명사는 하나님의 섭리의 견지에서 각
민족사가 유럽의 공통 운명에 통합되고 또한 인류의 전 역사의 통
합되어야 하는54) 보편사적 전망을 기대하도록 준비된 역사이다.
바로 이것이 유럽 1,000년의 혁명사가 있어야 했던 이유이다. 유
럽 민족들은 이것을 깨닫는 데 천년이 걸렸다. 유럽 민족들과 여
타 민족들은 이제야 이 묵시를 조금씩 깨닫기 시작했다.

　그러므로 6가지 세계혁명은 민족들이 서로 일치하지 않는 것이
있지만 일치의 길을 찾는 것, 일치하지 않는 갈등 속에서 조화·
질서·평화의 길을 찾는 것이 서구인의 질병55)인 혁명을 극복하는

---

53) Rosenstock-Huessy, 같은 책, p. xvi.

54) Rosenstock-Huessy, 같은 곳.

55) 로젠스톡-휘시는 사회와 문명을 해치는 악으로서 네 가지 질병을 제시
한다. 혁명, 전쟁, 퇴락, 무질서이다. 그에 의하면, 혁명은 개인과 공동
체를 위해 새로운 규칙을 만드는 시도이고, 전쟁은 민족들 사이의 불일
치로 타자의 말을 듣지 않는 단절이고, 퇴락(decadence)은 옛 것을 불신
하고 무의미하게 보는 허무이고, 무질서(anarchy)는 공동체 내에 일치나
합의가 없는 위기이다. 이 모든 질병은 부정적 영향을 끼치는 결핍으로
특징지어진다. 혁명은 존중 또는 존경이 없고, 전쟁은 평화로운 관계가
없고, 퇴락은 의미에 대한 믿음이 없으며, 무질서는 통일성이 없는 것이
다. 이런 질병으로 사회는 붕괴된다. 로젠스톡-휘시는 이러한 질병을

길임을 교시한다. 이것이 모든 민족이 이웃 사랑 안에서 인류를 한 가족으로 여기는, 즉 인간을 평등하게 대하는 길이다. 이렇게 하는 것이 유럽 민족이 한 가족으로 화해하고 회복할 방법이고, 최근의 EU유럽연합는 그 한 가지 가능성일 것이다. 비록 지구상의 모든 민족의 평화까지는 아니지만, 유럽 민족의 평화는 개선될 것이다.

## (6) 정치-경제적 접근

독일의 신학자 울리히 두크로Ulrich Duchrow는 "현재의 전 지구적 자본주의의 깊은 위기와 그것의 파괴적인 영향들에 대처하기 위해 … 카를 야스퍼스가 차축시대Axial Age라고 부른 것"[56]을 살

---

치유하고자 언어를 정치에 기반한 사회적 행동 형식으로 연구하는 새로운 사회과학을 제창한다. 이러한 사회 연구는 인류의 생존과 통합에 필요한 앎을 연구하고 사회 구성의 원리와 앎을 완전히 새로운 매트릭스에서 추구하는 학문이다. 로젠스톡–휘시는 이를 **메타노믹스**(metanomics)라고 부른다. 근대 **메타피직스**(metaphysics)는 데카르트의 철학의 원리에서 시작했지만 메타노믹스는 데카르트의 철학의 원리와 근본적으로 구별되고 결별한다. 따라서 메타노믹스는 반데카르트적 철학의 원리에서 시작한다. 이러한 의미에서 메타노믹스는 전통철학의 메타피직스와 대조·대비하고자 로젠스톡–휘시가 지어낸 학명이다. 아마도 학문의 법칙, 실재의 구성과 규범을 통괄하는 원리를 연구하는 학문이라는 의미를 지니는 듯하다. 자신의 말로는 메타노믹스는 니체가 찾아 다녔던 즐거운 학문의 이념과 비슷하고 현상학보다 훨씬 우수하게 의식의 삶의 구조와 역사를 생생하게 알려준다고 한다.

56) 울리히 두크로, 프란츠 힌켈라메르트, 『탐욕이냐 상생이냐』, 한성수 옮

펴보기를 제안한다. 야스퍼스는 차축시대를 기원전 800–200년 기간에 이스라엘, 인도, 중국, 그리스에서 동시 평행적으로 발생한 세계적인 정신적 개화 내지 비약57)으로서 규정하고 지성적이며 영성적인 문화 변혁58)이라고 특징지었다. 카렌 암스트롱 역시 축의 시대를 인간 의식의 초월적 차원에서 일어난 인류의 정신적 혁명59)이라고 본다. 그러나 두크로와 독일의 경제학자 프란츠 힌켈라메르트Franz J. Hinkelammert는 이러한 규정에서 정치경제적인 상황은 단지 주변적인 요소로만 보였다60)고 평가한다.

이들이 차축시대에 접근하는 기본 관점은 "**화폐와 재산에 근거한 새로운 경제가 차축시대의 종교적이며 영성적인 혁신들의 가장 중요한 원인이었다**"61)는 것이다. 이들에 따르면 고대문명, 근대문명, 현대 문명의 발전단계는 노동의 사회적 조정 유형에 따라 시기적으로 ①부족사회(기원전 3,000년 이전) → ②화폐와

---

김 (생태문명연구소, 2018), 87쪽.

57) 칼 야스퍼스, 『역사의 기원과 목표』, 백승균 옮김 (이화여대출판부, 1986), 31, 46쪽.

58) 두크로, 힌켈라메르트, 같은 책, 88쪽.

59) 카렌 암스트롱, 『축의 시대』, 정영목 옮김 (교양인, 2010), 5, 8쪽.

60) 두크로, 힌켈라메르트, 같은 책, 87, 90쪽.

61) 두크로, 힌켈라메르트, 같은 책, 90–91쪽. 강조는 원문 그대로이다.

사유재산이 일상생활 속에서 도입되기 이전의 고대사회(기원전 3,000년경부터 8세기까지) → ③초기의 화폐·재산경제를 지닌 사회(기원전 8세기부터 기원후 4세기까지) → ④노예 노동과 봉건적인 농노 노동의 사회(기원전 500년경부터 기원후 13세기까지) → ⑤초기 자본주의 사회 → ⑥산업 자본주의 사회 → ⑦금융 자본주의 사회 순이었다.62) 금융자본주의 사회는 오늘날의 신자유주의적 자본주의 경제 지배 체제로서 근대성의 "파괴적인 절정"63)을 의미하고 생명을 죽이는 폭력적 문명에 속한다.

이제 차축시대에 출현한 세계 종교와 철학을 화폐와 재산에 근거한 새로운 경제의 관점에서 조사해보자. 새로운 경제는 화폐와 사유재산이 일상생활 속으로 도입됨으로써 그 사회 안에서 사람들의 정치·경제적 구조를 변화시키고 개인의 사고·감정·행동을 변화시켰다. 간단히 말해서 새로운 경제의 특징은 화폐와 사유재산이 경제·사회·정치적 권력을 결정하기 시작했다는 것이다. 이에 대한 대응으로서 생긴 것이 차축시대의 이스라엘, 인도, 중국, 그리스에서 생긴 문화적 종교적 변혁이다. 이 시대의 정신적 혁명은 그 시대에 비인간적 물질적 현금 화폐의 등장과 더불어 퍼지기

---

62) 두크로, 힌켈라메르트, 같은 책, 25-27쪽

63) 두크로, 힌켈라메르트, 같은 책, 13쪽.

시작한 시장 논리에 저항한 종교 운동·사회 운동·철학 운동이었다.[64]

첫 번째, 이스라엘의 유대−그리스도교 전통이다. 기원전 8−7세기에 이스라엘과 유대 왕국에서 다수의 예언자 예컨대 아모스, 호세아, 이사야, 예레미야 등이 출현하여 매우 활발하게 움직였고 화폐−이자−재산 경제로 인한 부익부 빈익빈을 강력하게 비판했다. 소작농은 토지 소유자들에게 빚을 갚지 못하고 자작농은 빚 때문에 토지를 잃어 채권자의 노예가 되거나 날품팔이꾼이 된다. 토지 소유자들에게는 토지의 축적이 가능해진다. 예언자들은 하나님의 공의와 사회 정의를 강렬하게 외쳤다. 이러한 예언자들의 경제 정의 전통은 기원후 1세기 당시에 예수를 비롯하여 역시 세례자 요한, 바울이 나타나서 가난한 자를 보호하고 경제적 차별과 불평등을 책망하는 사회 비판으로 전승되었다.

이들 모두에게 하나님을 아는 것은 사회적으로 취약하고 빚으로 비참하게 살아가는 하층민에게 정의를 실천하는 것과 다를 바 없었다. 예수가 자신의 기도에서 말한바, "오늘 우리에게 필요한 일용한 양식을 주는 것", "우리가 우리에게 죄지은 자(빚진 자)를

---

64) 차축시대에서 화폐와 네 지역 공간의 정신적 개화의 관계에 대해서 다음을 참조. 데이비드 그레이버, 『부채, 첫 5000년의 역사』, 정명진 옮김 (부글, 2021), 405−51쪽.

사하여 준 것"이 하나님을 사랑하는 길이었다. 그 당시에 그들은 "토라 공화국"65), 히브리 공화국을 세우려고 했다. 이것을 극적으로 표현한 것이 부자 청년 이야기와 부자 세리 이야기이다.66)

---

65) 두크로, 힌켈라메르트, 같은 책, 90쪽.

66) 부자 청년 이야기(마가복음 10:17-22)에서 부자 청년은 토지를 거대하게 소유한 주인을 함의하는 것으로 해석될 수 있다. 부자 세리 이야기(누가복음 19:1-10)는 부자 청년 이야기와 대조해 볼 수 있는데, 예수가 말하는 주님의 은혜의 해(누가복음 4:19)에 실행되는 희년법 실천의 사례로 이해될 수 있다.

예수께서 길을 떠나시는데, 한 사람이 달려와서, 그 앞에 무릎을 꿇고 그에게 물었다. "선하신 선생님, 내가 영원한 생명을 얻으려면, 무엇을 해야 합니까?" 예수께서 그에게 말씀하셨다. "어찌하여 너는 나를 선하다고 하느냐? 하나님 한 분밖에는 선한 분이 없다. 너는 계명을 알고 있을 것이다. '살인하지 말아라, 간음하지 말아라, 도둑질하지 말아라, 거짓으로 증언하지 말아라, 속여서 빼앗지 말아라, 네 부모를 공경하여라' 하지 않았느냐?" 그가 예수께 말하였다. "선생님, 나는 이 모든 것을 어려서부터 다 지켰습니다." 예수께서 그를 눈여겨보시고, 사랑스럽게 여기셨다. 그리고 그에게 말씀하셨다. "너에게는 한 가지 부족한 것이 있다. 가서, 네가 가진 것을 다 팔아서, 가난한 사람들에게 주어라. 그리하면, 네가 하늘에서 보화를 차지하게 될 것이다. 그리고, 와서, 나를 따라라." 그러나 그는 이 말씀 때문에, 울상을 짓고, 근심하면서 떠나갔다. 그에게는 재산이 많았기 때문이다.(막 10:17-22)

예수께서 여리고에 들어가 지나가고 계셨다. 삭개오라고 하는 사람이 거기에 있었다. 그는 세관장이고, 부자였다. 삭개오는 예수가 어떤 사람인지를 보려고 애썼으나, 무리에게 가려서, 예수를 볼 수 없었다. 그가 키가 작기 때문이었다. 그래서 그는 예수를 보려고 앞서 달려가서, 뽕나무에 올라갔다. 예수께서 거기를 지나가실 것이기 때문이었다. 예수께서 그 곳에 이르러서 쳐다보시고, 그에게 말씀하셨다. "삭개오야, 어서 내려오너라. 오늘은 내가 네 집에서 묵어야 하겠다." 그러자 삭개오는 얼른 내려와서, 기뻐하면서 예수를 모셔 들였다. 그런데 사람들이 이것을 보고서, 모두 수군거리며 말하였다. "그가 죄인의 집에 묵으려고 들어갔다." 삭개오가 일어서서 주님께 말하였다. "주님, 보십시오.

두 번째, 인도의 불교 전통이다. 뉴델리의 역사가 우마 차크라바르티Uma Chakravanrti의 불교 사회·경제학적 통찰에 따르면 붓다가 회심과 깨달음을 갖게 된 시원적 배경은 사회경제적 위기로부터이다.

기원적 8-6세기에는 새로운 경제가 북부 인도에 침투했는데, 이는 사유재산과 화폐 위에 세워진 것으로서, 왕정의 권력에 의해 지원을 받는 것이었다. 결국, 이처럼 새로운 경제구조를 기초로 해서 부자가 된 사람들과 가난해진 사람들로 사회는 분열되었다. 이런 상황의 압력 아래에서-인간들을 고통에서 해방하려는 그의 강력한 영감과 함께-싯다르타 왕자는 사회 속에서 그런 고통을 극복할 방법을 발견하기 위해 자신의 특권을 포기하게 되었다. 가난과 고통은 탐욕에 의해, 즉 자아가 공격적 태도에 의해서 보호받을 수 있을 것이라는 환상 속에 토대를 둔 탐욕에 의해 생겨난다고 그는 깨닫게 되었다. 그의 해결방법은 모든 존재가 서로 연

---

내 소유의 절반을 가난한 사람들에게 주겠습니다. 또 내가 누구에게서 강제로 빼앗은 것이 있으면, 네 배로 하여 갚아 주겠습니다." 예수께서 그에게 말씀하셨다. "오늘 구원이 이 집에 이르렀다. 이 사람도 아브라함의 자손이다. 인자는 잃은 것을 찾아 구원하러 왔다."(눅 19:1-10)

관되어 있음에 대한 명상을 통해서, 그리고 모든 여분의 불
필요한 것들을 포기함으로써 탐욕이 극복되는 것이었다.67)

그러므로 니르바나에서 오는 정화된 마음, 조용한 마음, 영
정한 마음은 돈과 부의 욕망과 탐욕에 오염된 우리의 마음을
치유하는 기능을 가진다.

세 번째, 중국의 유교 전통이다. 공자의 철학적 저술들은 기원
전 8-7세기부터 화폐와 사유재산에 근거한 경제가 고대 중국 사
회에 초래한 상황에 대한 반응이다. 그 시대의 상황은 알려진 바
와 같이 사적 토지 소유제가 진행되고 화폐가 주조되었고 빈부격
차가 심해지는 때였다. 춘추전국시대는 구시대의 질서가 무너지
고 있는 때였다. 공자는 철학자로서 소수파였고 그의 시대는 "전
쟁, 새로 전문화된 기마부대의 잔혹한 능력, 서로 경쟁하는 제후
들, 화폐가 등장한 시장경제, 그리고 자기중심적인 개인주의로
특징지어졌다."68) 그는 주나라를 황금시대로 여겼고 당대의 상황
속에서 그 전통을 계승하려고 노력한 정치 교육가였다. 그가 『논
어』에서 설파한 인, 덕, 군자, 극기복례의 사상들은 사회·경제적

67) 두크로, 힌켈라메르트, 같은 책, 137-38쪽.

68) 두크로, 힌켈라메르트, 같은 책, 166쪽.

불안과 무질서의 상황에 대한 국가경영술이었다. 공자는 재산을 탐욕스럽게 축적하는 것과 이기적인 행동을 비판했다.69) 공자가 비록 위계질서에 의한 예절을 중히 여기고 가부장적 요소를 갖고 있지만 공자주의 또는 유교는 인애를 통치의 기본 덕목으로 삼았다.

　네 번째, 그리스의 고전철학 전통이다. 고대 그리스 자연철학의 발생지는 밀레토스이다. 밀레토스는 동전 화폐를 처음 주조한 도시이고 아마도 세상에서 처음으로 주화가 통용된 도시이다.70) 시장에서 이루어지는 일상적 거래의 교환 수단은 화폐였을 것이다. 고대의 자연철학자들은 우주의 아르케를 찾을 때 대부분 어떤 물질적 실체를 답으로 내놓았다. 탈레스의 물, 아낙시메네스의 공기, 아낙시만드로스의 아페이론무한정자 등이 그렇다. 이러한 개념들은 눈에 보이지 않는 추상적 실체로서 이해되는 속성을 가지고 있다. 그런데 이런 모습은 돈의 모습과 유사하다. 돈은 만물 가운데 하나에 불과하지만, 그 하나가 모든 것과 교환될 수 있는 속성을 가지고 있기 때문이다. 동전은 일반 개념으로서 하나이지만 모든 것과 바꿀 수 있다. 그러므로 고대 자연철학자의 아

---

69) 두크로, 힌켈라메르트, 같은 책, 174쪽.

70) 두크로, 힌켈라메르트, 같은 책, 175쪽.

르케는 돈을 반영한다.71) 이러한 의미에서 돈은 무한한 것 즉 아페이론이다. 파르메니데스의 일자 개념도 이러한 논리를 따라서 이해될 수 있는 셈이다. 따라서 약간 단순화해서 말하면 파르메니데스의 철학을 넘겨받은 플라톤의 철학도 이러한 논리를 따라서 설명될 수 있다. 이러한 맥락에서라면 고대 자연철학은 돈의 철학으로 환원될 수 있는 지경까지 이른다.

그러나 소크라테스에 오면, 돈과 재화가 그 자체 목적으로 되어 가는 상황은 비판을 받는다. 소크라테스는 아테네의 훌륭한 계층의 사람들의 지식을 검사함으로써 그들의 무지를 지적하고 그들이 재물과 영광과 명예에는 많은 관심을 기울이지만 영혼을 완벽하게 만들려고는 하지 않는다고 꾸짖는다. 그는 덕은 재물에서 생겨나는 것이 아님을 전하는 것 이외에 자신은 아무것도 하는 일이 없다고 말한다. 소크라테스는 진리를 전할 때에도 소피스트와 달리 돈을 받지 않았다. 그는 재물을 탐하는 것이 사람과 사회를 위험에 빠뜨리는 망상이고 이는 무지의 소치라고 주장했다. 이처럼 소크라테스는 화폐 경제의 악영향을 지적하고 비판한 사상가였다.72)

---

71) 두크로, 힌켈라메르트, 같은 책, 176쪽.

72) 두크로, 힌켈라메르트, 같은 책, 178쪽.

플라톤의 유명한 동굴의 비유는 진리와 허위를 구별하는 것에
관한 우화지만 그 속내는 진리를 인식하지 못하는 것은 인간의
육체적 욕망 때문이라는 주장을 에둘러 지적하는 것이다. 사람들
은 현실을 보는 것이 바로 현실을 있는 그대로 본다고 생각하지
만, 그것이 억견인 이유는 자신들의 욕망에 신체가 속박되어 지
성의 힘을 올바르게 발휘하지 못한 결과이기 때문이다. 그들의
지성은 그들의 욕망으로 흐릿해져 있어서 진리의 이데아를 인식
할 수 없는 것이다. 그러므로 사회의 불안, 경쟁, 투쟁, 폭력을 제
어하고 극복할 수 있는 길은 영혼의 정화에 있다. 진·선·미의 이
데아를 먹는 영혼의 연습을 통해서 정의와 평화는 그리스 도시 국
가에서 실현될 것이다.

아리스토텔레스는 돈의 축적을 비판한다. 그런 것은 무한한 것
으로 보이기 때문이다.73) 이를테면 이자 증식은 끝없이 계속될
수 있다. 또한, 그것은 망상에서 비롯하는 일이다.74) 돈을 끊임없
이 축적하면 교환하는 물건 및 수단을 무한정 소유할 수 있다고
믿게 되기 때문이다. 그러면 사회 공동체는 파괴되고 공동선을
희생하게 될 것이다. 따라서 아리스토텔레스는 이자를 물리는 것

---

73) 두크로, 힌켈라메르트, 같은 책, 176쪽.

74) 두크로, 힌켈라메르트, 같은 책, 177쪽.

과 독점을 금지하는 것과 이런 문제들에 대해 시민을 교육할 것을 요구했다.[75] 이처럼 아리스토텔레스는 돈의 영향과 화폐 경제를 분석하고 도시 국가의 안전을 보호하려는 정신을 가졌다. 그렇기는 하지만 다른 한편, 아리스토텔레스가 기본적으로 계급 사회를 기반으로 하는 그리스 문명을 위해 노예제도를 변호했다는 사실을 잊어서는 안 될 것이다.

이처럼 차축시대는 그 이전 시대와는 근본적으로 다른, 그러나 당대의 경제적 구조의 변화에 따른 대응적 성격이 아주 짙은 정신적 발현의 대변혁기였다. 최소한 차축시대는 모든 종교가 자비의 정신을 강조했으며 그전에는 자비는 거의 존재하지 않았던 개념이었다.[76] 이 시기의 근본 영성과 정신 혁명과 그 범주들은 차축시대 이후의 세계사를 지배했고 오늘날에도 여전히 그 이념은 영향을 미치고 있으며 우리는 그 안에서 살아가고 있다. 그때나 지금이나 돈 즉 화폐가 사유재산과 직결되어 우리의 삶의 모든 영역을 지배하고 있는 것은 분명한 사실이다.

그러므로 현재의 금융 자본주의 사회에서 첫 번째 차축시대의

---

75) 두크로, 힌켈라메르트, 같은 책, 183쪽.

76) 데이비드 그레이버, 『부채, 첫 5000년의 역사』, 정명진 옮김 (부글, 2021), 449쪽.

가능성들을 실현할 수 있는가를 묻고, 두 번째 차축시대를 여는 방법론적 원천으로 삼자는 제의는 신자유주의 자본주의 현실의 악에 저항하고 극복하는 과제를 해결하기 위한 또 하나의 지평이 요 희망이다. 인류가 "축의 시대의 통찰을 넘어선 적이 없다"[77]라고 한다면 이 물음과 제의는 세계의 역사가 인류에게 기회를 한 번 더 주는 것이다. 문제는 어떻게 두 번째로 주어지는 차축시대를 만들 것인가 하는 것이다. 세 번째 밀레니엄을 향해 달려가는 현대 문명이 두 번째 차축시대의 시작과 더불어 그 정치·경제적 구성을 달리했다는 역사적 평가가 나올지 그 누가 알겠는가. 그럴 수 있다면 지금 세계와는 다른 세계가 가능하다.

## (7) 정신분석적 접근

베커Ernest Becker, 1924-1974는 프로이트의 정신분석학을 비판적으로 계승·수정하고 인간 본성을 성의 억압이 아니라 인간이 죽을 수밖에 없다는 필멸성의 억압에 기반하여 설명하는 사회심리학자, 문화인류학자이다. 그는 프로이트의 애제자 오스트리아 정신분석학자 오토 랑크Otto Rank, 1884-1939의 영향을 많이 받았는데, 랑크는 오이디푸스 콤플렉스 대신 출생의 외상 이론을 주

---

77) 카렌 암스트롱, 『축의 시대』, 7쪽.

창했다. 이 때문에 프로이트는 랑크가 자신의 이론에 도전하거나 거부한다고 판단하고 그를 멀리했다. 베커도 프로이트의 정신분석학이 논구하는 죽음 인식의 한계성을 인지하고 인간의 죽음의 불가피성에 대한 공포를 무의식적으로 억압한다는 명제에 토대를 두고 프로이트의 인간론과 문명론을 넘어선다.

베커의 기본 통찰은 인간은 죽음에 대해 타고난 공포증을 지니고 있어서 죽음을 초월하려는 시도를 하지 않을 수 없는 욕망이 있다는 것이다.78) 물론 그는 죽음도 그러려니와 삶 역시도 두려운 것이기에 인간은 이를 넘어서려는 방어기제를 개발한다고 믿는다. 하물며 인간사의 모든 의미와 영광을 무로 만드는 죽음에 대한 두려움을 자의식 하게 되면 그보다 더하지 않겠는가. 인간은 죽을 수밖에 없다는 불가피성을 자각하게 됨에 따라 이러한 필멸성 의식에 대처하기 위해 다양한 전략을 사용하기 마련이다. 그 근본 원리는 죽음을 부정하는 것이다. 죽음의 부정은 죽음의 공포에 대한 인간의 어쩔 수 없는 자연스러운 충동이다.79) 베커는 인류의 문화와 문명은 이러한 불가피하고 불가결한 충동 위에 세워졌다고 본다.

---

78) Ernest Becker, *Escape from Evil* (Free Press, 1975), p.xvii.

79) Becker, *Escape from Evil* (The Free Press, 1975), p. xvii.

그렇다면 이러한 충동이 죽음을 부정하는 과정은 어떻게 진행되는가? 인간이 죽음을 부정하는 기제는 어떻게 이루어지는가? 이것은 인간이 죽음을 처리하는 법을 탐구하는 과제이다. 이것은 동시에 사망 공포증에서 발생하는 문제들을 취급하는 문제이고 또한 역사가 현재와 같은 상황에 이르게 된 과정을 설명하는 문제이다. 그러면서 역사에서 사회적 악이 어떻게 발생하는지, 세계의 고통과 인간의 악의 뿌리 깊은 원인이 무엇인지를 규명하는 과제가 될 것이다.

베커에 따르면, 죽음은 인간이 행위를 하는 주요 동기이다. 죽음은 인간 행위에서 지대한 역할을 한다. 인간 행위는 죽음의 치명성을 피하려고 고안된 행위일 뿐만 아니라 죽음이 인간의 최종 운명이라는 것을 부정함으로써 죽음을 극복하려고 고안된 행위이다.80) 인간은 이러한 죽음 부정 행위를 통해서 죽음이 인생을 아무런 의미도 없게 끝내는 두려움과 불안과 긴장을 해소하고 불멸을 향해 나아가고자 한다. 인간은 이러한 자기보존 본능의 작용을 통해서 자기를 지속하거나 영속화하는 것 즉 불멸을 움켜쥔다.

인간은 자신이 사는 이 물질적 세계를 자기 죽음에서 끝내지 않

---

80) 어네스트 베커, 『죽음의 부정』, 김재영 옮김 (인간사랑, 2008), 29쪽.

고 자기를 영구화하는 방향으로, 다시 말해서 불멸을 희구하는 방향으로 만들려고 하는 충동이 있다. 이것은 인간이 소유하는, "실재에 대한 인류의 보편적인 본능"[81]이다. 프로이트에 의하면 이 본능은 생리화학적이고, 유기체적인 깊숙한 곳에 자리하고 있다. 이러한 무의식적 불멸의 추구는 세계를 본질적으로 영웅성을 위한 무대로 받아들인다.[82] 바꾸어 말하면 영웅성은 죽음 부정 행위의 핵심이다.

영웅성은 인간이 삶의 역경이나 위기 상황에서 자신의 뛰어난 재능을 보여주는 일 또는 자신의 자질을 발휘하여 한계 상황을 돌파하는 일이라고 이해된다. 일반적으로 영웅성은 보통 사람이 할 수 없는 비범한 일이지만 "죽음의 공포에 대한 최초의 반사작용"[83]이라는 의미에서 누구나가 영웅일 수 있다. 성자의 높은 영웅에서 범부의 낮은 영웅성에 이르기까지 다양한 편차의 영웅성이 있다. 이들 영웅성에 공통적인 것은 인간의 죽음의 불안이나 공포의 먹이가 되지 않으려고 견디어 내거나 저항하는 자신의 능력을 개발한다는 점이다. 이 점에서 죽을 수밖에 없는 존재는 본

---

81) 베커, 같은 책, 40쪽.

82) 베커, 같은 곳.

83) 베커, 같은 책, 56쪽.

래 영웅적이다. 물론 파괴적인 영웅성, 저열한 영웅성, 고상한 영웅성, 이상적 영웅성, 평범한 영웅성 등 온갖 종류의 영웅성이 있지만 말이다.

이러한 맥락에서 영웅적 행위는 죽음의 공포에 떨어지지 않기 위한 적극적 행위이거나 죽음의 공포를 대면하고 극복하려는 유의미한 또는 도전적인 의미의 창조 행위를 뜻한다. 이러한 행위 또는 의미의 창조를 통해서 인간은 저마다 영웅인 인간이 된다. 그리고 사회를, 문명을, 문화를 만든다. 그러므로 사회는 유의미한 "영웅 체계"[84]이다. 그리고 인간은 영웅적 행위를 통해서 죽음을 극복하거나 극복한 문화적 상징을 만든다. 그러므로 사회는 "문화적 영웅 체계"[85]이다.

그런데 인간은 저마다 영웅일 수 있지만, 인간이 영웅이 되는 데는 대가를 치러야 한다. 이 문제를 좀 더 논의해보자. 인간은 기본적으로 동물이다. 즉 육체를 가지고 있다. 이 때문에 인간은 실재에 대해 많은 측면에서 취약한 데가 있다. 반면 인간은 의식적 존재이다. 그는 반성할 줄 알고 그 반성을 의식한다. 그러므로 인간은 자의식적 동물이다. 이 때문에 인간은 자신의 과거와 현

---

84) 베커, 같은 책, 45쪽.

85) 베커, 같은 책, 45쪽.

재 상황을 선택하고 행동한다. 인간의 자의식적 능력은 "인간에게 말 그대로 자연 안에서 작은 신의 지위를 부여한다."[86] 인간은 죽음을 자의식적 반성으로 인지하고 자의식적 능력을 이용해서 부정하고 피하려고 하지만, 그러나 인간의 마음은 "심장이 뛰고 숨을 헐떡이는" 몸, "아프고 피 흘리고 나중에는 썩고 없을"[87] 몸에 머무르기 때문에 항상 한계에 부딪힌다. 인간의 죽음 부정 시도와 노력은 언제나 유한하다. 이 유한성을 숨기기 위해 인간은 끊임없이 죽음을 부정한다. 이러한 방식의 노력으로 인간은 죽음에 대해 불가결한 착각 또는 환상 속에서 죽음을 견디어 낸다. 그리고 유한한 불멸성을 획득한다. 그러나 그 획득은 실재에 대한 착각이나 환상을 대가로 치른다.

인간은 반은 동물적이고 반은 상징적이다. 인간은 부분적으로 동물이고 부분적으로 신이다. 인간은 전 생애를 끝날까지 죽음의 운명을 지닌 채 살아가지 않으면 안 된다. 이것은 "끔찍한 딜레마로서 인간은 그 딜레마 속에 있고 그 딜레마와 더불어 살아가야만 한다."[88] 인간의 상징적 내적 자아와 물질적 신체의 이원성은 "인

---

86) 베커, 같은 책, 79쪽.

87) 베커, 같은 곳.

88) 베커, 같은 책, 80쪽.

간의 실존적 딜레마"[89]로서 인간을 "항문을 가진 신"[90], "똥을 누는 신"[91]으로 규정한다. 우주에서 이보다 더 끔찍한 실존적 모순은 없을 것이다. 이러한 인간의 실존적 조건으로 인해서 인간의 죽음 부정은 언제나 실재에 대한 "불가결한 거짓말"[92], "거대한 착각"[93]을 그 대가로 지불해야 한다.

이것은 인간의 기본적인 동물성 때문에 불가피한 현실이다. 인간은 태어날 때부터 이러한 거짓말을 통해서 자신의 외부 세계에 대응한다. 오이디푸스 콤플렉스를 예로 들어보자.[94] 아이는 부모와의 갈등 관계에서 자신이 거세되는 것 즉 죽는 것을 두려워하기 때문에 자기 자신이 아버지가 되고자 한다. 즉 그는 자신을 위협하는 죽음을 극복하고자 나르시즘적 자만으로 자신의 나약함에 영웅적으로 대응하는 것이다. 따라서 오이디푸스 콤플렉스는 아이가 자신만의 세계에서 물러서지 않는 영웅적 초월을 욕구하는 프로젝트이다. 바꾸어 말하면 오이디푸스 콤플렉스는 자신이

---

89) 베커, 같은 책, 78쪽.
90) 베커, 같은 책, 118쪽.
91) 베커, 같은 책, 127쪽.
92) 베커, 같은 책, 118쪽.
93) 베커, 같은 책, 124쪽.
94) 베커, 같은 책, 90-95쪽.

삶의 주인이요 창조자이기를 바라는 오이디푸스 프로젝트이다. 이 프로젝트의 본질은 아이가 신, 다시 말해서 불멸적인 존재가 되고자 하는 것이지만 그런 방식으로 자신의 무력함은 극복될 수 없으므로 그 프로젝트는 아이의 나르시즘적 몽상으로 끝난다. 즉 그의 불멸 프로젝트는 거짓에 기초한 것이다.

인간의 영웅적 행위는 이처럼 "이상적 착각"95) 다시 말해서 "실재의 왜곡"96)을 피할 수 없다. 인간의 영웅적 행위에는 자기 자신에게 다가오는 압도적인 현실에 부정직하게 대하는 요소가 있는 것은 사실이다. 인간은 그 현실을 제압하고자 필연적으로 자기 기만적 술책을 마련한다. 인간의 동물적 조건 때문에 착각은 영웅적 초월을 위한 필연적 조건이다. 여기서 착각은 높은 수준의 창조적 놀이를 말한다. 이러한 영웅적 착각의 안전성을 잃는 것은 죽음에 귀결한다.

인간의 동물성 달리 말하면 피조물성은 인간에게 영웅적 초월을 필연적인 것으로 만들지만 동시에 기만성도 함유하고 있어서 인간이 영웅적 행위를 통해 역사를 만들어도 그 역사 속에 악이 존재하는 것은 역시 불가피한 일이 된다. 이것이 사회와 문화는

95) 베커, 같은 책, 349쪽.
96) 베커, 같은 책, 278쪽.

영웅적 행위가 세운 것이지만 그 속에 악이 반드시 존재하는 이유이다. "인간은 죽음을 무서워하고 자기 영속성과 자신의 운명의 영웅적 초월을 추구하는 동물"97)이지만 영웅적 초월 달성은 실패한다. 세계의 악은 인간의 내부에서 기인하기 때문이다. 바로 이것이 영웅성·영웅적 개인·영웅적 사회의 딜레마이다.

문화 또는 역사는 인간의 동물성에 대한 인간 자신의 거부나 부정에서 성립한다. 그러나 인간은 본성상 동물적 존재이기 때문에 이것은 자기 자신을 부정하는 자기 모순적 행위이다. 다시 말해서 똥 누는 신은 똥 없는 신이 될 수 없다. 그러므로 세계의 악은 인간의 "존재론적 비극", "피조물의 비극"98)을 대표한다. 이것이 세계의 악을 설명한다. 바꾸어 말하면 자기 영속성을 통한 자기 구원의 충동이 자기 자신의 영속성을 통한 자기 구원의 악의 원천으로 작용한다. 한마디로 인간이 신적이 되어 갈수록 악을 가져온다. 구원이 구원의 악을 가져온다. 인간이 영웅적으로 자신의 재능을 발휘해서 역사를 만들고 문화를 창조하며 악과 싸우는 것이 세계에 악을 안겨다 주는 것이다. 결국, 세계에 잘못 되어 있는

---

97) 베커, 같은 책, 359쪽.

98) 베커, 같은 책, 271쪽.

것이 있다면 그것은 유일하게 인간이다.99)

　세상은 끔찍하고 무도하지만, 인간은 잘 버티고 견딘다. 인간은 그러한 세상의 공포에 대해 미칠 만도 한데 광기를 무릅쓰지 않는다. 자기를 불안하게 만듦으로써 그 공포에 맞서는 대항력을 키우기 때문이다. 인간은 세상사를 두려워하고 절망하지만 죽는 일은 하지 않는다. 수를 써서 예컨대 필요하면 거짓말을 하거나 생각 없이 사는 모양새를 취함으로써, 일상을 안전하게 살아갈 수 있도록 보호막을 치기 때문이다. 이러한 방어 장치들이 없다면 인간은 세상의 공포와 두려움을 있는 그대로 보지 못할 것이며 이겨내지 못할 것이다. 주위에 있는 비참한 삶의 모습을 잠시라도 보지 못해 고개를 돌리려는 우리가 아니던가. 그러나 이 모든 일은 인간 자신이 타자를 파괴하는 일들과 함께 간다. 여기서 타자란 모두 우리 자신의 존재를 위협하는 것이고 혼란스러운 것이며 무질서한 것이자 이해할 수 없는 낯선 의미체들을 말한다.

　이들을 악한 것으로 간주하고 영웅적으로 싸우는 것은 명분만 갖춘다면 얼마든지 허용된다. 역사는 싸우는 대의명분이 적절성을 가진다면 영웅적으로 싸우는 것을 지지하고 찬미한다는 것을 보여준다. 그러한 영웅은 싸우는 과정에서 사람들을 함부로 죽일

---

99) Becker, *Escape from Evil* (The Free Press, 1975), p. 95.

수 있다. 사람들은 자신을 자기보다 더 큰 힘 즉 영웅의 일부로 투사하고 그 권위에 항복하고 자신의 의지를 그에게 맡긴다. 그렇게 함으로써 안전하다고 느끼는 것이다.

이것은 하이데거가 말한 것과 비슷하다. 즉 인간은 세인 또는 세상 사람들의 일부가 됨으로써 홀로 남게 되는 고립의 공포에서 벗어나는 것, 즉 자신이 죽지 않는다는 불멸감을 보상받는 것이다. 사람들은 이렇게 실존적 안전을 보장받으면 자신은 영웅의 일부가 되어 언제라도 누구라도 악에 대해 영웅적으로 승리하려는 싸움에서 폭력을 행사하는 것을 지지할 수 있다. 그러한 폭력은 세상을 좀 더 좋게 만들고 우리를 선하게 만들어 주는 행동이라고 간주된다. 말하자면 영웅을 신격화하는 것이다.

독일민족이 총통 히틀러를 영웅 지도자로 우상화하고 유대민족을 악으로 간주해서 인종 청소의 폭력을 용인한 것은 이러한 방식으로 설명될 수 있다. 히틀러는 영웅 지도자로서 악을 제거하기 위해 희생양을 찾고 살해함으로써 독일민족에게 그들을 위협하는 죽음의 공포로부터 안전하다는 집단적 확신을 준다. 그리고 그는 자신의 영웅적 승리로 더 큰 힘을 획득한다. 히틀러의 홀로코스트는 영웅성의 가공할 파국적 대가를 보여주는 역사적 기념

비이다.100) 히틀러는 자신이 살기 위해 그리하여 자신의 영속성을 위해 세상의 많은 짐을 자신의 어깨 위에 짊어진 것이다.101) 히틀러의 영웅주의가 독일민족에게 가장 파괴적인 참상을 안겨다 준 것이다.

"우리는 나치즘이 지상의 악을 퇴치한다는 착각을 살아낸 실행 가능한 영웅 체계였다는 것을 안다."102) 우리는 히틀러의 희생양 찾기가 타인의 신체를 제물로 삼음으로써 자기 자신의 죽음을 매수한 행위라는 것을 안다.103) "악은 악에 대한 영웅적 승리를 향한 인간의 충동으로부터 나온다."104) "사회는 저마다 악과 죽음에 대한 승리를 약속하는 영웅 체계이다."105) 결론적으로 영웅적 확장·기쁨·경이의 밑층에는 유한성·죄의식·공포증죽음이 있다

---

100) Becker, *Escape from Evil* (The Free Press, 1975), p. 150.

101) Becker, 같은 곳.

102) Becker, 같은 책, p. 159.

103) Becker, 같은 곳. 아이히만도 역시 그러하다. 그는 유태인을 가스 처형실로 보내는 서류에 결재 도장만 찍은 자는 아니다. 그 행위는 그저 위계적인 하달 명령을 따르기만 한 관료주의자의 실행이 아니다. 그 심층에는 자신의 죽음을 피하는 안전과 불멸을 추구하는 영웅적 파괴 행위가 자리하고 있었다. 이 점에서 아렌트의 평범악 테제는 아이히만의 행동에 대한 표층적 관찰이라고 평가될 수 있다.

104) Becker, 같은 책, p. 136.

105) Becker, 같은 책, p. 124.

는 것이다.106)

그러면 우리는 어떻게 악을 피할 수 있는가? 파괴를 수반하지 않는 불멸 프로젝트가 가능한가? 베커의 대답은 단순 명료하다. 인간 본성의 비합리성을 제어할 수 있는 문화를 세우자고 제의한다. 그러한 문화적 사회에서는 인간의 죽음 부정이라는 근본 동기가 파괴적이 아니라 긍정적으로 충족될 수 있기 때문이다. 이러한 영웅 사회의 구축이 세계의 고통과 인간의 악을 줄이는 방안이라고 제안한다.

따라서 그의 이상적 영웅 사회론은 사회적 형태의 구성 문제로 바뀐다. 이상적 사회 형태를 어떻게 구성할 것인가 하는 문제가 대안으로 제시된다.107) 바꾸어 말하면 죽음 부정의 동기를 바람직하게, 또는 적절하게, 또는 이상적으로 충족시킬 수 있는 사회 형태를 만들어 가는 과제이다. 그러나 베커는 이 과제를 깊이 연구하지 못하고 49세1974년의 나이로 작고했다. 그러나 그 연구의 단서들은 산발적으로 언급되어 있다.

---

106) Becker, 같은 책, p. 126.

107) 샐리 케널(Sally A. Kenel)은 이상적 사회 형태를 인간의 피조물성과 신성을 결합하는 생태학적 사회민주주의로 제시한다. Sally A. Kenel, "A Heroic Vision", *Zygon: Journal of Religion and Science*, vol. 33, no. 1 (March, 1998), pp. 59–70.

흩어져 있는 그의 생각들을 영웅 사회의 이상적 형태를 구성하는 문화적 요소로 간주하고 대충 열거하면 다음과 같다.

- 하나, 삶 자체는 극복될 수 없는 시지프스의 노동과 같다는 사실을 인정해야 한다.
- 둘, 삶 자체는 비극의 연속이지만 개방성과 가능성이 넘친다는 사실을 기뻐해야 한다.
- 셋, 사회가 전체적으로 죽음을 직시하고 죽음의 공포를 올바르게 극복해야 한다.
- 넷, 불멸 프로젝트에 대한 인간의 필요와 욕구를 인정해야 한다.
- 다섯, 종교적 신학적 피조물성보다는 과학적 진화론적 피조물성에서 시작해야 한다.
- 여섯, 삶의 고양과 자아의 확장, 삶의 진보를 보장하는 창조적 투사를 수용해야 한다.
- 일곱, 자유와 존엄성과 희망을 제공해야 한다.
- 여덟, 자존감을 유지할 수 있는 사회적 역할을 제공해야 한다.
- 아홉, 보다 나은 인간이 되게 해야 한다.

- 열, 다른 사람에게 부당한 해악을 끼쳐서는 안 된다.
- 열하나, 악을 객관적으로 파악하고 객관적으로 증오할 수 있도록 해야 한다.
- 열둘, 영웅적 죽음 부정의 파괴적 비용을 이성적으로 검토하고 평가해야 한다.
- 열셋, 사회의 총체적 해방은 그 자체로 총체적 해방에 뒤좇는 해악을 가져온다.
- 열넷, 심리학과 종교의 융합, 과학과 종교의 융합이 요구된다.
- 열다섯, 인류학, 사회학, 심리학, 정신분석학, 정신의학, 역사, 철학을 학제적으로 통합한 새로운 인간과학적 연구가 필요하다.

무엇보다도, 베커는 미래의 영웅 사회에서 건강하고 성숙한 영웅은 실현 불가능한 영웅성108)을 추구해서는 안 된다고 믿는다. 인간은 자신이 될 수 있는 존재에 대해 한계가 있기 때문이다. 예컨대 억압의 완전한 해방, 비억압의 혁명적 추구는 불가능하다. 그것은 이상적인 소명이요 명령일 수 있지만, 인

---

108) 베커, 『죽음의 부정』, 김재영 옮김 (인간사랑, 2008), 435-47쪽.

간의 완전 가능성은 실현될 수 없는 것이다. '억압된 것의 귀환'은 인간 본성의 철칙이기 때문이다. 따라서 인간 존재 구조, 인간 본성의 변화는 불가능하다. 인간의 제2의 순수한 탄생은 있을 수 없다. 억압 없는 인간, 억압받지 않는 인간, 그것은 인간 본성의 철칙을 위반하는 것이다. 인간은 자신의 한계를 넘어서는 안전을 추구하려고 노력하는 공포에 짓눌린 피조물인 것은 만고불변의 진리이다.

인간의 기본적 삶의 조건이 너도 나도 악에 대한 영웅적 승리의 필요와 충동이라면 이는 너도 나도 증오하지 않고서는 살 수 없다는 것을 의미한다. 우리는 죽음, 가난, 질병, 억압, 자연 재앙 등과 같은 현실 속에서 영웅적으로 승리하려는 욕구 때문에 남을 증오하기 때문이다. 역으로 우리가 증오하는 사람도 같은 입장이다. 이러한 삶의 딜레마에서 인간에 대한 인간의 관계는 갈등이지 않을 수 없다. 이러한 상황에서 인간의 자기 확장이 삶을 부정하지 않고 삶의 진보를 가져올 수 있으려면 혼자서 옳은 것보다는 차라리 타인을 파괴하지 않고 자신이 그릇된 존재가 되는 것이 더 나은 도덕적 선택일 수 있다. 바꾸어 말하면 자기 확장이 타인 파괴 대신 삶의 고양과 사회 정의를 가져오려면 타인을 죽이지 않으면 옳은 존재가 될 수 없는 것보다 타인을 죽이지 않고 자신이

2. 악의 분석 • 99

그릇된 존재가 되는 것이 차라리 더 낫다.109)

베커는 이것을 미래의 새로운 영웅성의 위대한 도덕률로 제안한다. 사실, 이 도덕률은 그 내면을 톺아보면 황금률의 정신과 맞닿아 있다. 그런데 황금률은 성자가 아니라면 불가능한 일이고 "성자의 자격은 그 자체로 인간의 노력이 아닌 은혜의 문제"110)이다. 인간이 성취할 수 있는 최고의 수준은 "타자에게 강제된 짐을 덜 지우게 하는 경험에 열려 있는 상태"111)이지만, 베커는 인간에게 이 모든 것이 모두에게 전부 가능한 것이 아니므로 종교적 피조물성과 과학적 피조물성 사이에서 후자를 택한다.

물론 베커는 인간의 영웅성이 종교적 차원을 가지고 있음을 안다. 인간은 자신의 한계를 뛰어넘고자 자신과 같은 처지에 사는 존재들과는 근본적으로 다른 높은 차원의 고차적 존재를 전적으로 신뢰하고 의지함으로써 죽음과 공포에서 승리한다.

그러나 이는 죽음의 피할 수 없는 지배를 벗어나는 한 가지 방법일 뿐이다. 이 방법은 인간 유기체가 현세에서 자신의 에너지를 자신을 초월한 존재, 진실한 이상에 전이하고 투사함으로써

---

109) Becker, *Escape from Evil* (The Free Press, 1975), p. 145.

110) 베커, 『죽음의 부정』, 김재영 옮김 (인간사랑, 2008), 433쪽.

111) 베커, 같은 곳.

소비하고 태우는 독특한 반응이다. 그러한 상위 차원의 존재는 인간이 삶의 무게의 부담을 어딘가에 떠넘기기 위해 독특하게 발명한 존재이다. 즉 그는 인간이 사는 데 필요했던 존재였을 뿐이다. 성자가 되는 시간은 한평생이며 그리고 나서는 곧바로 죽음을 준비해야 한다. 그동안 인간은 시간을 거기에다 사용하지 않았더라면 자신의 힘으로 이룰 수 있는 많은 일을 할 수 있었을지도 모른다. 그는 신에게 의지하느라고 시간을 너무 많이 보냈기 때문이다. 그 때문에 그는 그가 해야만 하는 일을 하지 않았을지도 모른다. 성자가 누리는 기쁨과 평화 속에 현실적 상황이 주는 강제성과 공포의 위험이 들어 있지 않으리라고 말할 수 없다. 성자가 누리는 영원불멸의 현재 속에 "슬픔의 곡조"112)가 전혀 없을지 확신할 수 없다. 해방된 많은 사람이 무수하게 많아진 세상이 예전보다 기분 좋거나 명랑할지 알 수 없다.

　이러한 이유들에서 새로운 영웅성은 종교적 피조물성에서 시작할 수 없고 성자의 훌륭한 이상과 자격은 영웅인 한에 있어서는 종교적으로 접근되거나 추구되어서는 안 된다. 억압 없이 사는 삶은 종교적 차원에서도 불가능하다. 그러므로 미래 사회의 새로운 영웅성의 형성은 종교적 차원과 심층적으로 연결되어 있다고

112) 베커, 같은 책, 470쪽.

하더라도 삶을 부정하고 파괴하는 사회 구조·제도의 변화를 우선시하는 데서 시작한다. 베커는 성자적 영웅의 초월성에도 "되돌릴 수 없는 두려움과 공포 인식의 실제 가능성"[113]이 있다고 보고 새로운 영웅 체계의 건립을 위해서는 전략적으로 현대 사회 제도를 변화시키는 방향을 지향하는 것이 과학적 판단이라고 생각한다.

이것은 프로이트의 정신분석과 마르크스의 사회비판의 병합을 의미한다. 이리하여 베커에 있어서 미래의 초월적 영웅의 비전과 그 추구는 인간의 피조물성을 종교적이 아니라 과학적으로 이해하는 것에서 출발하여 현대 사회 구조와 제도를 비판하고 변화시킴으로써 보다 바람직한 영웅적 개인이 성공적으로 탄생할 수 있는 사회적 공간을 마련하고자 한다.

### (8) 철학적 접근

수잔 니이만Susan Neiman은 자기 자신을 "서양철학은 플라톤(기원전 428?–348?)에서 시작한 것이 아니라 다른 곳, 즉 그보다 이른 욥기(기원전 7–5세기)에서 시작한다고 믿는 철학자"[114]라

---

113) 베커, 같은 책, 451쪽.

114) https://www.abc.net.au/religion/philosophical-reading-of-the-

고 규정한다. 그녀는 18-19세기 철학은 악의 문제를 따라갔고[115] 악의 문제는 근대철학이 발원하는 뿌리라고 논변한다.[116] 그녀는 이러한 시각에서 서양철학사를 다시 쓰는 것을 대안철학사라고 생각한다. 이러한 입장은 철학의 역사를 원천적으로 달리 보는 획기적인 역사기술학적 관점이라고 하겠다. 그녀는 철학의 역사에 생명을 불어넣는 것은 삶과 죽음의 문제들에 의해서이지만 철학 전문주의 때문에 그 사실을 잊게 되었다고 말한다. 그러나 철학을 공부하면 할수록 그 반대라는 것을 확신하게 되었다고 고백한다.[117]

그녀는 근대철학은 리스본 지진[118]에 대한 근원적 반성에서 비롯된다고 본다. 그 사건은 서양철학에 지동설이 가져다준 충격만큼이나 컸다고 여겨진다. 리스본 지진에 대해 정통신학자들은 당

book-of-job/11054038. website: ABC Religion and Ethics. Susan Neiman, "The Rationality of the World: A Philosophical Reading of the Book of Job." p. 1.

115) Neiman, S., *Evil in Modern Thought: An Alternative History of Philosophy* (Princeton University Press, 2002), p. 13.

116) Neiman, 같은 책, p. 7.

117) Neiman, 같은 책, p. 13.

118) 1755년 11월 1일 오전에 포르투갈 리스본에서 발생한 지진에서 수만 명이 죽었다고 한다.

시의 이신론, 자연 종교 등에 대해 하늘로부터 심판의 불이 떨어졌다고 믿었다. 그러나 칸트는 지진은 초자연적 사건이 아니고 자연과학적으로 규명되어야 한다고 보았다. 이리하여 지진은 신의 심판과는 무관하게 설명되었고 자연적 악은 더는 도덕적 악과는 거의 아무런 관련도 없게 되었다.119) 기독교의 신정론은 더는 변호될 수 없었고 세속적 신정론이 시작되었다.

현대철학은 아우슈비츠를 경험했다. 이 사건은 현대의 도덕적 악으로서, 물리적 악으로서 리스본 지진이 주는 충격과 비교하는 것이 불가능하다. 이 사건은 도덕적 악의 범주를 무의미하게 만든 충격을 가져다주었다. 인류가 세계의 도덕적 질서를 믿을 수 없게 된 것이다. 아우슈비츠는 인류의 문명뿐만 아니라 리스본 지진을 측정할 수 있는 도구조차도 파괴해버린 지진이었다.120) 따라서 세계에 도덕적 질서를 기독교에 의지하지 않고 구축하려고 했던 근·현대의 세속적 신정론도 기독교의 신정론처럼 같은 운명의 길을 걷는다. 니이만은 니체의 영원회귀 사상에 따른 악의 구원론이나 프로이트의 비관적 문명론도 기독교의 신정론을 대체하는, 또는 신학적 토대가 없는 세속적으로 시도된 신정론으

---

119) Neiman, 같은 책, pp. 244, 250.

120) Neiman, 같은 책, p. 251.

로 이해한다.

아우슈비츠의 대량 학살이 당대의 과학 기술 공학의 악용에 의
해서 시행될 수 있었듯이 2001년 9·11 테러 사건의 쌍둥이 빌딩
과 국방부 펜타곤 건물 폭파 그리고 그 주동자 오사마 빈 라덴의
사살 작전도 과학 기술 공학이 없었으면 불가능한 일들이다. 히
로시마와 나가사키에 원자폭탄을 투하하는 것도 스탈린 치하의
집단 수용도 마찬가지이다. 이러한 모든 사건들은 서구 사회의
신정론이 어떠한 형태를 취하더라도 신뢰하기 힘들고 따라서 거
부하는 편에 서지 않을 수 없게 만든다. 20세기의 가장 혁명적 사
실은 서구 사상이 제시하는 모든 신정론이 끝났다는 점이다.[121]

니이만은 이러한 사정을 인류가 돌아갈 고향이 없다homeless고
표현한다. 우리가 사는 지구는 더는 안전과 편안을 보장하는 고
향집일 수 없다. 우리는 실향민이다. 우리는 더는 세계를 집처럼
볼 수 없다. 리스본 지진, 아우슈비츠, 원자폭탄 투하, 9·11 테러
등과 같은 미증유의 사건들은 저간에 있었던 모든 도덕적 질서를
의심스럽게 만들었다. 이러한 현재 상황에서 세계의 도덕적 질서
는 가능한가? 신뢰할 수 있는 도덕적 보편성이 가능한가? 현대
사회가 직면한 악의 실재들을 심판하는 정의의 근거를 제공할 수

---

121) Neiman, 같은 책, p. 238.

2. 악의 분석 • 105

있는가?

니이만은 이러한 문제의식에서 5명의 현대철학자와의 대화를 시작한다. 그 다섯 명은 카뮈, 아렌트, 아도르노, 호르크하이머, 롤스이다. 첫째는 카뮈이다. 카뮈는 기독교의 거대 서사가 무너지고 서구인들에게 도덕적 질서의 확실성과 삶의 의미가 없어진 부조리한 세계에서 어떻게 하면 잘 살 수 있을 것인가 하는 실존적 물음을 던졌다. 그 대답은 잘 알다시피 시지프스와 같은 반항의 삶을 사는 인간 영웅이다. 카뮈는 신과 기독교를 싫어했다. 그에게 기독교 신앙은 도덕적 악이었다. 그는 아브라함과 같은 신앙 영웅이 아니라 삶의 의미가 없어도 삶을 가치 있게 살아가는 반항 영웅을 제시했다.

그러나 세계의 부조리에 대한 카뮈의 실존적 고뇌는 나치즘의 만행에 대해서 "온순한mild 관점"122)을 드러내었다. 그는 자신의 실존적 도덕성으로 나치를 설득할 수 있다고 느꼈다. 따라서 그는 나치즘의 도덕적 악에 대해서는 "정치적으로 소박"했고 "자신의 정치적 판단력의 취약성"123)을 나타냈다.

아렌트는 『예루살렘의 아이히만』에서 그 유명한 "악의 평범성"

---

122) Neiman, 같은 책, p. 297.

123) Neiman, 같은 곳.

을 주장했다. 아이히만은 유태인 학살을 집행하면서 하등의 죄의식 없이 자신의 임무를 수행했다고 자백했다. 아이히만은 이 일을 저지르는 데 있어서 관료제도의 위계질서 속에서 하나의 톱니바퀴처럼 일했다. 그러니 그 스스로는 죄가 없다고 생각할 수도 있다. 그는 현대사회의 관료제의 조직악에서처럼 영혼 없는 공무원처럼 공무를 보았던 것이다. 아렌트는 아이히만의 자백에서 악은 우리가 아무런 생각이 없을 때 사소하게 "버섯처럼"124) 퍼진다고 통찰했다. 따라서 아렌트는 "사소한 방식으로 악이 우리를 제압한다는 것을 인정하기만 하면 악은 극복될 것이라고 확신했다."125) 그렇다면 거꾸로 말해서 앞서 언급한 현대적인 일체의 악들도 하찮게 서서히 퍼질 수 있는 셈이다. 아렌트는 아이히만에 대해서 그의 범죄 행위는 그가 이성을 사용해야 할 때 이성을 사용하지 않는 책임을 물어 심판할 수 있다고 믿는다. 아렌트는 아이히만은 그의 영혼을 헐값으로 팔았다고 주장한다.126) 마치 유다가 예수를 은전 30세겔127)에 판 것처럼.

---

124) Neiman, 같은 책, p. 301.

125) Neiman, 같은 곳.

126) Neiman, 같은 책, p. 301.

127) 은화 30세겔은 그 당시의 일용 노동자 120일 품삯이라고 한다. 현재의

  그러나 이러한 분석과 해법은 인간의 도덕적 반성 능력을 낙관하는 약점을 안고 있다.128) 아이히만의 범죄를 심판하는 근거는 이보다 더 강력해야 할 것이다. 또한, 악을 '진부하다banal고 부르는 것은 전범자의 죄의 깊이와 차원을 평면적으로 파악하는 것이며 그 이면을 들여다보면 신정론적으로 말하는 방식이라고 비판받을 수 있다.129) 바꾸어 말하면 그 주장은 신정론적 사고가 남아 있는 표현이라는 단평이다.

  아도르노와 호르크하이머는 현대의 악을 보고는, "더는 해롭지 않는 그 어떤 것도 없다"130)라고 말했을 것이다. 그들은 이러한 상황에서 유일한 해결은 개선을 위해 현재를 넘어서려면 주어진 현실을 초월하는 사상이 필요하다고 생각했다.131) 그러나 그들은 초월적 관념들의 필요성을 예상했으나 그 관념들이 반드시 표현이 불가능한 것이어야 한다는 입장이었다. 그들은 현실에 저항하기 위해 현실을 초월하는 관념들이 필요하다는 신념을 가졌고

---

  일당을 100,000원으로 계산하면 대략 12,000,000원이다.

128) Neiman, 같은 책, p. 301.

129) Neiman, 같은 책, p. 303.

130) Neiman, 같은 책, p. 305.

131) Neiman, 같은 책, p. 306.

그 이유는 아우슈비츠는 절대 반복되지 않을 방식으로 행동하라는 새로운 정언 명법132)을 확립했기 때문이다.133) 그 밖의 다른 이유를 든다면, 그 문제에 대한 해결은 특정한 사회 제도나 조직을 바꾼다고 해서 모두 해결될 것은 아니라고 보았기 때문이다.134) 그래서 해결에는 신성한 언어의 요소가 필요하다.135) 이 같은 요소는 미학적도 심리학적도 아니다. 그것은 표현이 불가능한 형이상학적인 것으로서 단서를 비추어 주는 빛이다. 결국, 악의 해결책은 그 단서를 형이상학적 철학에서 얻어야 한다는 말이다. 형이상학적 철학의 사고에는 그러한 내재적인 힘과 질이 있다. 형이상학의 표현 불가능성이 그러한 힘과 광채의 원천이다.136)

그러나 이것은 문제 해결을 저 너머에 호소하는 신학적 본능의 표현이 아닌가? 이것은 현대철학이 버린 카드를 다시 집어 드는 즉 형이상학적 범주로 다시 돌아가는 것이 아닌가? 이것은 과

---

132) 유대교 신학자 에밀 파켄하임(Emil Fackenheim)은 홀로코스트가 유대인에게 613 개의 계명에 더해 새로운 계명을 제시한 사건으로 이해했다.

133) Neiman, 같은 책, p. 308.

134) Neiman, 같은 곳.

135) Neiman, 같은 책, p. 309.

136) Neiman, 같은 곳.

거의 낡은 형이상학적 어휘로 되돌아가는 것으로 보인다. 그러한 해결방법은 자기탐닉적인 형이상학의 화려한 매력에 홀리는 격이고 종교의 잔광의 파생물이다.137) 그것은 신에 대해 그다지 삼가지 않는 시대에 신을 위해 유보해 둔 역할을 형이상학적 범주에 떠맡기는 것이나 마찬가지이다.138) 그러한 범주의 언어들에 그러한 역할이 주어진다고 해서 문제가 해결되지는 않을 것이다. 물론 약간 반짝하는 효과가 없지는 않을 것이다.

존 롤스는 앞서 네 명의 대륙철학적 기질과는 다른 분석철학적 전통 안에서 악의 문제에 대한 해결책을 강구한다. 악에 대한 도덕적 심판의 근거가 특정한 이해관계나 우연적 일에 의한 것이어서는 안 될 것이다. 그러한 특수적인 것으로부터 도덕의 보편적 전망이나 도덕적 합리성이 도출될 리는 만무하기 때문이다. 그것은 자연적 사실로부터서도 나오지 않을 것이다. 자연적 사실은 우연적인 것이기 때문이다. 자연의 임의성 때문에 도덕성은 자연적인 것일 수 없다. 자연이 아닌 도덕적 세계는 이성적이자 합리적이지 않으면 안 된다. 그렇지 않으면 아무도 그 도덕성에 따르지 않을 것이기 때문이다.

---

137) Neiman, 같은 책, p. 310.

138) Neiman, 같은 곳.

이러한 도덕성이 어떻게 가능한가? 전쟁, 억압, 기아, 빈곤, 인종청소, 대량학살 등의 거대악들을 제거하는 사회를 정당화하는 도덕성은 어디서 찾을 수 있는가? 그것은 정치적으로 정의로운 제도를 통해서, 정의를 창조할 수 있는 사회 체제 모형을 개발함으로써다.139) 이러한 사회는 유토피아가 아니라 현실적으로 실현 가능하다. 이러한 사회적 질서의 가능성을 믿는다면 우리는 우리 자신이 사는 사회 세계와 화해할 수 있다. 즉 내가 도덕적 심판을 받는 것에 따를 수 있다. 그러기에 우리는 그러한 가능성을 현실화하는 것에 동의할 수 있다. 롤스는 그 가능성을 정치적 자유주의 사회 계약론을 논의한 『정의론』에서 보여준다.

니이만은 롤스가 칸트의 영향을 받았다고 생각하며 사회적 세계에서 이성의 가능성을 보여주었다고 긍정적으로 평가한다. 또한, 그녀는 롤스가 분석철학 전통에서 악의 문제를 추방한 것과는 달리 악의 문제를 사회적 질서의 합리성의 주요 의제로 다룬 것을 높게 평가한다. 그녀는 롤스가 말은 하지 않았지만, 그의 연구의 원천이 아우슈비츠와 히로시마였음을 보고한다.140)

이제 5명의 철학자와의 대화를 끝낸 니이만이 제시하는 입장

---

139) Neiman, 같은 책, pp. 313-34.

140) Neiman, 같은 책, p. 313.

을 살펴보자. 자연은 우리가 요구하는 도덕적 범주들을 주지 않는다. 칸트가 표현한 대로 자연의 경이와 내 안에 있는 도덕은 서로 다른 것이기 때문이다. 사회도 마찬가지이다. 다시 말해서 도덕은 사회로부터 저절로 주어지지 않는다. 이성이 세계에 그것을 제시하라고 요구한다. 즉 이성이 정의를 요구한다. 따라서 정의는 세계가 도덕을 제시해 주지 않으면 불가능하다. 바꾸어 말하면 세계가 도덕을 제시해야 한다는 인식이 없으면 정의는 없다.141) 그러한 인식이 없는데 정의와 불의가 있을 수 있겠는가? 그런데 세계에 그것을 제시하라고 요구하는 것은 이성이다. 이성의 정의 요구는 이성 자체의 본질적 구동drive이다.142) 칸트는 이러한 이성의 요구나 필요를 이성의 규제적 원리regulative principle라고 불렀다.

세계는 이성이 요구하는 대로 그렇게 되어 있으면 이성은 더는 세계에 정의를 요구하지 않는다. 세계가 되어 있어야 하는 대로 되어 있으면 도덕성이나 보편적 정의의 요구는 잦아든다. 그때는

---

141) https://www.abc.net.au/religion/philosophical-reading-of-the-book-of-job/11054038. website: ABC Religion and Ethics. Susan Neiman, "The Rationality of the World: A Philosophical Reading of the Book of Job." p. 30.

142) Neiman, 같은 책, p. 320.

세상은 보기에 좋은 것이다. 이성의 규제적 원리가 잠시 쉬는 시점은 세계가 이성이 요구하는 정의를 실현했을 때이다.

이를 쉽게 말해 보자. 나쁜 사람을 벌할 원리가 없다면 착한 사람에게 상을 주는 원리도 없을 것인즉 심판도 정의도 없을 것이다. 따라서 세계는 혼돈과 무질서만 판을 칠 것이다. 그런데 신은 거부되었다. 그러면 신 없이 세계의 질서를 어떻게 세울 것인가? 바로 여기서 이성의 규제적 원리가 작동하기 시작한다. 말하자면 이성은 정의를 요구하기 시작한다. 세계 또는 그 일부가 있어야 하는 대로 있지 않고 잘못 존재하기에 또는 잘못되어 가기에 도덕적 경계와 행동이 필요하다. 이러한 필요가 없다면 악인이 배부르고 잘 살아도 아무런 이상이 없다. 악행과 범죄에 대한 심판은 불가능하다. 아이히만의 범죄 행위에 아무런 책임도 물을 수 없다. 이러한 이성의 요구나 필요는 칸트식으로 말하면 내 안에서 별처럼 빛나는 도덕법이다. 우리는 이것으로 인해서 세계에 현존하는 악을 심판하고 세계에 정의를 가져오는 힘을 드러낸다.

세계가 지금 있는 대로 있지 않고 있어야 하는 대로 있어야 한다는 요구는 세계를 그렇게 만드는 모든 시도의 기초이다.143) 그리고 이 요구는 인류에게 보편적인 것으로서 부인될 수 없다. 이

---

143) Neiman, 같은 책, p. 325.

리하여 궁극적으로 도덕적 심판과 정의는 세계의 합리성을 전제로 한다. 그러므로 악의 문제는 세계의 합리성을 믿는 것을 기반으로 하지 않으면 해결될 수 없다. 세계의 합리성을 말할 수 있는한, 세계에 현존하는 악에 대해 말할 수 있다. 마침내 악의 문제해결은 세계의 합리성에서 시작하고 끝난다.

서양철학의 역사가 욥의 질문에서 현대에 이르기까지 겪어 왔던 반인간성과 폭력의 악들을 직시하고 해결하고자 했던 제일 원리는 세계의 합리성을 둘러싼 의심과 확신의 싸움에서 어느 진영에 서느냐 하는 것에 있었다. 철학의 임무는 세계가 합리적인가또는 합리적일 수 있게 되는가를 보여주는 문제였다.[144] 니이만이 18-19세기에 인식론이 되다시피 한 철학의 본령에 악의 문제를 복권하고 20세기에 외진 종교철학의 소주제로만 취급되던 악의 문제를 철학의 중앙에 복위시킨 것은 세계의 합리성을 세계가잘못되어 가는 현대적 악의 현실들에 반대해서 요구하는 도덕적각성·개입·행동이라고 볼 수 있다.[145]

---

144) https://www.abc.net.au/religion/philosophical-reading-of-the-book-of-job/11054038. web site: ABC Religion and Ethics. Susan Neiman, "The Rationality of the World: A Philosophical Reading of the Book of Job." p. 1.

145) 세계의 합리성에 대한 니이만의 열정과 노력은 대단하다. 그녀의 열

## (9) 신학적 접근

기독교 신학자들은 한결같이 신이 자비롭고 지혜로우며 전능하다면 왜 세상에 악과 같은 것이 있는지를 항상 물어왔다. 세상의 전쟁과 폭력과 살인은 하나님이 정의롭다는 것을 반대하는 증거로 보이는데, 그럼에도 하나님의 정의를 변증해 왔다. 이러한 논의를 신정론이라고 부른다. 나치즘의 유태인 학살, 스탈린의 대숙청과 굴라그, 크메르 루주의 킬링 필드, 르완다의 인종 학살, 이라크와 아프가니스탄의 무고한 시민의 죽음에 대해서 신은 뭐라고 말하는지를 묻고 대답을 듣고자 하는 것은 악의 문제를 다룰 때 피할 수 없는 물음이다.

과거와 현재의 역사를 돌아볼 때 인간은 폭력적인 존재다. 인간은 왜 그다지도 폭력적인가? 이 폭력성의 뿌리는 무엇인가? 이 악마적 인간 행동의 동기와 근원은 무엇인가? 폭력과 살인의 원조는 카인이다. 카인은 신의 사랑과 은총을 받고 싶은 질투로 인해 동생을 살해했다. 성경은 신이 세상을 창조하고 보기에 참 좋았다고 기록하지만 그러기에는 시초부터 보기에 좋지 않은 것도

---

정적인 노력으로 결실을 맺게 된 역작이 얼마 전에 출간되었다. Susan Neiman, *Learning from the Germans: Race and the Memory of Evil* (Farrar, Straus and Giroux, 2019).

있었다. 성경에는 피를 흘리는 손과 폭력과 살인의 기록이 넘치도록 많다. 성경은 신의 창조 이후 최초의 폭력인 카인의 살인에서부터 예수의 십자가 처형에 이르기까지 신이 그러한 사건이 보여주는 악을 심판하는 드라마로 읽을 수 있다.

악을 심판하는 최초의 사건은 창세기 3장에 나오는 아담과 이브의 이야기에 기록되어 있다. 창세기 3장은 악이 어떻게 시작했고 악의 기원은 무엇인지를 말해주는 최초의 이야기이다. 기독교 신학은 최초의 악으로부터 인류의 과거와 현재의 역사를 설명하고 궁극적으로 악이 없어진 세계를 고대한다. 요한계시록은 모든 민족의 죄악과 질병을 치유하는, 악이 사라진 세계가 도래할 것을 약속한다. 이것은 세계 창조 이래 악을 심판해 왔던 신이 인류에게 하는 최종 약속이다.

전통적 보수 기독교 신학은 에덴동산에서 살고 있었던 아담이 선악 나무 열매를 따먹지 말라는 하나님의 명령을 어긴 것이 악의 시작이고 인류의 타락이라고 믿는다.146) 소위 원죄 교리는 아담

---

146) 에덴동산에서 일어난 아담과 이브의 행동을 역사적 사건이나 사실로 볼지 신화로 볼지는 아직도 논쟁이 계속되는, 의견의 일치를 보지 못한 사안이라는 점에 주의해야 한다. 고전적 기독교의 해석은 바울과 아우구스티누스의 해석을 따른 것이고 동방정교회 신학자 존 로마니데스(John F. Romanides)는 이를 원죄(original sin)라고 부르지 않고 조상죄(ancestral sin)라고 부른다. 또한 유대교 신학은 원죄와 타락 교

의 불복종으로 인류가 치유할 수 없는 치명적인 성향을 태어날 때부터 가지게 된 인간 본성을 가리킨다. 타락은 하나님의 뜻에서 벗어나는 최초의 선택을 말하고 이로 말미암아 인류는 죄와 악을 향하는 인간 본성을 가지게 되었다는 교리이다. "한 사람으로 말미암아 죄가 세상에 들어왔고 또 그 죄로 말미암아 죽음이 들어온 것과 같이, 모든 사람이 죄를 지었기 때문에 죽음이 모든 사람에게 이르게 되었습니다."[147]

이러한 원죄와 타락으로 말미암아 인간은 신과의 사귐에서 불통과 단절이 있게 되고 인간과 인간 사이 반목과 대립과 폭력이 발생하며 인간과 자연 사이에도 부조화와 지배적 폭력이 그대로 남아 있게 된다. 이 모두는 인간과 신과의 관계의 불화에서 발생한다.

바로 이 불화를 화해로 이끈 하나님의 계획이 예수의 십자가 처

---

리를 부인한다. 유대교 신학자 마르틴 부버는 아담과 이브의 금지 명령 위반을 원죄와 타락이라고 보지 않는다. 기독교의 구약신학자 제임스 바(James Barr)는 원죄와 타락 교리는 해당 성경 본문에 대한 오독에 기초한 해석이라고 비평한다. James Barr, "Authority of Scripture: The Book of Genesis and the Origin of Evil in Jewish and Christian Tradition," in James Barr, *Bible and Interpretation* (Oxford University Press, 2013), pp. 376-389.

147) 로마서 5:12.

형과 부활이다. 예수의 십자가 처형은 "죄 된 육신을 지닌 모습으로"[148] 보냄을 받은 예수를 죽인 일이다. 이 일은 악에 의해 저질러진 일 즉 악행이지만 그와 동시에 악행의 심판이기도 하다. 하나님은 예수를 죽은 자 가운데서 살아나게 함으로써 예수가 악에 진 것이 아니라 죄 및 죄가 가져온 죽음을 이겼다는 것을 입증했기 때문이다. 따라서 예수의 십자가 처형은 악을 심판한 것이다. 악은 심판되었기 때문에 그런 예수를 믿는다면 그 사람은 정의롭다고 인정될 수 있다. 이것이 기독교 신학이 말하는 칭의의 근본 의미이다. 그리고 예수에 충실한 사람은 죄를 없애라는 사명을 수행하고자 그렇게 칭의되었다. 하나님은 세상의 "죄를 없애려고"[149] 이 메시아적 사건을 주도했기 때문이다. 우리는 칭의의 자격을 획득함으로써 하나님과의 관계를 회복하고 즉 화해하고 하나님과 더불어 평화를 누리고 정의를 실천한다. 이것이 칭의 justification가 정의justice로 전환되는 비밀이다. 이것이 메시아의 죽음이 인류에게 주는 효과이다. 이 효과로 인해 아담적 인류는 메시아적 인류로 거듭난다. 마치 마르크스의 사회적 존재가 유적類

---

148) 로마서 8:3. "하나님께서는 자기의 아들을 죄 된 육신을 지닌 모습으로 보내셔서, 죄를 없애시려고 그 육신에다 죄의 선고를 내리셨습니다."

149) 로마서 8:3.

的 인간으로 거듭나는 것처럼.

그러므로 예수의 죽음과 부활은 인류를 인류의 악으로부터 구출하기 위한, 하나님의 정의로운 행동이다. 이러한 하나님의 정의는 세상의 폭력에 비폭력으로 대응하는 정치적 행동으로서 악을 처리하는 원리를 보여준다. 세계 최정상 신학자 톰 라이트는 신은 세상의 악을 처리하는 기본 원칙을 이와 같은 십자가의 승리와 방법을 통해서 계시했다고 주장하면서 신은 세상의 악에 책임을 다했다고 본다. 신은 십자가를 통해 악을 정복했고 악이 다시는 하나님을 괴롭히지 못하게 만들었다.[150]

그러나 악은 세상에서 여전히 활발하게 활동한다. 신이 세상의 악을 바로잡을 원리를 계시하였음에도 악은 변함없이 우리를 괴롭힌다. 악의 근원이 근절되지 않는 이유는 악의 발생 시초를 곱씹을 때 알려진다. 아담과 이브는 동산의 아무것이나 먹어도 되지만 선악 나무 열매는 먹지 말라는 명을 받았다. 아마도 이 말에 순종했다면 그들은 어떤 시점에 신의 어떤 미래 계획에 따라 생명나무가 있는 곳으로 인도되어 선악을 알지 못하는 상태에서 신과 같이 불멸할 수 있는 은혜를 받았을지도 모른다. 말하자면 인간

---

150) 톰 라이트, 『악의 문제와 하나님의 정의』, 노종문 옮김 (IVP, 2008), 163쪽.

은 니체가 그토록 갈망했던 선악의 피안에서 불멸성을 획득할 기회가 있었을지도 모른다. 그 기회를 놓친 딱 한 가지 이유는 신과 더불어 평화를 누리면서 영적으로 성숙하는 선택을 하지 못하고 자아를 보호하는 선택을 했기 때문이다.

단적으로 말해서 신 없는 자아의 보호를 선택하는 것이야말로 아담과 이브의 불순종의 근본 핵심이다. 자아 보호는 자기가 살기 위해 타자를 살해하는 자기 보존이다. 그렇다면 자아 보호는 항상 불안 속에 살며 안식이 없을 것이다. 자아는 타인뿐만 아니라 자연과 신도 타자화한다. 그것이 그의 삶의 방식이다. 타자화란 자아 자체를 자연, 인간, 신보다 우선적 자리에 두는 것을 말한다. 이러한 의미에서 "타자화"151)는 원죄와 타락의 본질이다.

만일 인간이 창조된 이후에 신과 사귐을 지속하면서 계속 창조되어 갔다면152) 카인의 살인과 폭력의 증식은 일어나지 않을 수

---

151) 미국의 신학자 찰스 벨린저는 타자화(othering)를 인류의 원죄라고 규정한다. Charles K. Bellinger, *Othering: The Original Sin of Humanity* (Cascade Books, 2020).

152) 신의 창조 사역은 태초에 끝난 일이 아니라 지금 현재에도 계속되고 있다는 관점에 대해서는 다음을 참조. 존 레벤슨, 『하나님의 창조와 악의 잔존』, 홍국평 옮김 (새물결플러스, 2019); 미하엘 벨커, 『창조와 현실』, 김재진 옮김 (대한기독교서회, 2020), 특히 1장 참조; Charles, K. Bellinger, *The Genealogy of Violence: Reflection on Creation, Freedom, and Evil* (Oxford University Press, 2001), pp. 28-29.

도 있었을 것이다. 자아 보호는 창조주 신을 자아에 대한 위협으로 지각한다. 따라서 영적 성장은 회피된다. 이 내적 회피는 외적 폭력으로 나타날 수 있다.[153] 신 사랑과 이웃 사랑에 나태해지고 타인을 사회적으로 죽일 가능성이 커진다. 신 사랑과 이웃 사랑이 커지면 커질수록 폭력은 줄어든다. 사랑과 폭력은 반비례한다. 바꾸어 말하면 폭력적인 사람은 신을 사랑하지 않고 신 안에서 자아를 빚어가는 창조 과정에 저항하며 신을 의심스럽게 대하는 삶을 산다. 그는 신 안에서 자기 자신이 되고 싶은 자아를 사랑하지 않는다. 그는 자기 이웃을 자기 자신만의 삶을 보존하기 위해 죽여야 하는 소외된 타자로 만든다.[154] 그 때문에 그는 자기 자신을 타자로서의 자기로 보는 일을 할 수 없고 자기 아닌 타인을 공격적으로 대하고 희생양으로 삼는다. 예수의 십자가 처형은 이러한 과정을 보여주는 역사적 사례라고 할 수 있다.[155] 예수를 고소·고발하고 제거하려 하고 사형에 처하는 시작과 끝에 참여한

---

153) Charles, K. Bellinger, *The Genealogy of Violence: Reflection on Creation, Freedom, and Evil* (Oxford University Press, 2001), pp. 56, 64.

154) Charles, K. Bellinger, *The Genealogy of Violence: Reflection on Creation, Freedom, and Evil* (Oxford University Press, 2001), p. 68.

155) Charles, K. Bellinger, 같은 책, p. 71.

모든 악한 인물들, 즉 제사장들, 장로들, 율법학자들, 사두개인들, 바리새인들, 헤롯, 빌라도가 그러한 의식 구조를 보여준다.

그러므로 폭력의 뿌리는 이러한 자아 보호와 이로 인한 영적 성장 거부에 있다. 이러한 논리에 따르면 불의한 폭력을 처리하는 첫 단계는 자신의 죄를 인정하는 필요에 마음을 여는 것과 신의 은총의 자리에 들어서게 열린 마음을 가지는 것이다. 말하자면 신과 인간 영혼 사이의 올바른 질서의 조율과 세움이 필요하다. 그들은 자기가 무슨 일을 하는지를 알지 못하기 때문이다.[156] 인간 본성의 새로운 질서는 인간의 영이 신령에 열리는 은총을 통해서이고 이로써 인격적 사회적 성숙의 창조 과정이 점진적으로 이루어진다. 이러한 영성으로 세상의 악과 싸운 인물들로 신약 성경의 열두 사도를 비롯해 노예제도 폐지론자 윌리엄 윌버포스 선교사, 흑인 인권 운동가 마틴 루터 킹 목사, 히틀러 암살 요원 디트리히 본회퍼 신학자, 인종 차별 반대 운동가 데스몬드 투투 주교, 반독재 정권 투사 오스카 로메로 신부가 있다.

이들은 사회의 질서와 안정과 통합을 위해 희생양을 찾지 않았다. 희생양을 찾는 것은 자아 보호의 폭력적 구조이다. 이것은 악마적이 되는 것으로 발전할 수 있다. 이를 두 가지 역사적 사례를

---

156) 누가복음 23:34.

통해 살펴보자.

1차 세계 대전 종전 후의 독일은 낭만주의, 자유주의, 민주주의, 자본주의, 무정부주의, 공산주의 등의 난립과 시민 사회의 무기력과 전쟁 찬양 등이 복잡하게 얽혀 있는 정치적 상황 속에서 이를 정면 돌파하는 결단의 정치가 필요했었다.[157] 독일 시민은 이처럼 어지러운 정치적 문화적 난맥 속에서 자기 자신과 자신의 도덕적 양심과 책임을 안전하게 총통의 지도력에 맡겼다.[158]

나치즘은 당시 난립하던 정치적 선택지에 반발하고 모두를 밀쳐내며 국가 사회주의의 이념을 선택했다. 나치즘은 독일의 민족 국가와 민족주의를 찬미하고 우상화했다. 그들은 '피', '대지', '영토', '인종', '조국'을 이데올로기화함으로써 독일 민족의 불안감을 씻어주었다. 이 불안감은 시민이 본래적 존재이거나 아니면 비본래적 존재이거나 어느 쪽이 되든 그러기를 두려워하는 데서 오는 기분이다. 이것을 피하게 하는 "총통은 암흑세계의 신으로 마법에 빠진 민족들에게 가장 신성한 존재"[159]이고 최고 주권자이다.

---

157) 복도훈, 『묵시록의 네 기사』(자음과 모음, 2012), 206-8쪽.

158) Charles, K. Bellinger, *The Genealogy of Violence: Reflection on Creation, Freedom, and Evil* (Oxford University Press, 2001), p. 116.

159) 복도훈, 같은 책, 204쪽.

2. 악의 분석 · 123

마침내 이러한 예외적 존재로서 추대된 히틀러와 제3제국은 문명을 뛰어넘는 위험하기 짝이 없는 파국으로 데려가는160) 냉혹하고 살벌한 반유태주의의 폭력 정치로 나타났다. 히틀러 폭력의 뿌리는 자기 자신이 신으로서 선독일민족과 악유대민족을 규정하고 자아의 보호를 위해 세계 전체를 재편성하려는 시도한 것에 있다.161) 나치 폭력은 유대민족을 타자로서의 자기라고 생각할 수 없는 "불가역적"162) 의식 구조에 기인한다. 이러한 내부성이 외적 폭력으로 나타난 것이다.

스탈린 대숙청의 경우도 그 배후의 기본 동기는 스탈린의 강렬한 편집증이었다.163) 그는 자신만의 일인 독재정에 대한 반대 인물이 나타날 가능성이 매우 낮았을 때도 그 점을 극히 걱정했다. 스탈린의 최우선 목표는 팽창하는 소비에트 제국의 통치자로서 자신만의 영광을 누리고 싶어 하는 것이었고 이러한 강박증은 자신의 희생양의 고통에 대해 완전히 무관심한 모습을 결과했

---

160) 복도훈, 같은 곳.

161) Charles, K. Bellinger, *The Genealogy of Violence: Reflection on Creation, Freedom, and Evil* (Oxford University Press, 2001), p. 119.

162) Charles, K. Bellinger, 같은 책, p. 120.

163) Charles, K. Bellinger, 같은 책, p. 124.

다.164) 이처럼 스탈린 폭력의 가장 기본적인 동기는 심리학적 자
아 보호이다.165) 스탈린에게 자신이 죄를 범하고 권력의 누수가
있었다고 인정하는 것은 바로 자기 자신의 심리학적 붕괴나 마찬
가지이다. 그는 타자의 죽음을 요구하는 충동에 이끌렸고 스스로
는 스스로에게 타자가 되어 보는 것을 회피했다.

러시아 철학자 니콜라이 베르자예프는 소련 공산주의를 종교
적 현상으로 분석했고 독일 출신 미국 정치철학자 에릭 뵈겔린Eric
Voegelin은 나치즘의 종교적 본성을 규명하는 데 탁월한 통찰력을
발휘했다.166) 뵈겔린은 나치즘의 도덕적 질병을 하나님의 영으로
부터 분리되어 완전히 떨어져 나간 분명한 표지라고 말하고 그 본
질은 "변화되기를 원하지 않음"이라고 규정한다.167) 베르자예프
는 공산주의는 하나의 영적 운동으로서 기독교의 대안 종교라고
말한다.168)

---

164) Charles, K. Bellinger, 같은 곳, 각주 24 참조.

165) Charles, K. Bellinger, 같은 책, p. 125.

166) Charles, K. Bellinger, 같은 책, p. 127. 에릭 뵈겔린은 국내에 소개된
    저서와 연구가 극히 적은 철학자이다. 다음 책이 약간의 도움을 줄 수
    있다. 마크 릴라, 『난파된 정신』, 석기용 옮김 (필로소픽, 2019).

167) Charles, K. Bellinger, 같은 책, p. 131.

168) Charles, K. Bellinger, 같은 책, p. 127.

벨린저는 나치즘과 스탈린주의에 대해 다음과 같은 신학적 평가를 내린다. 나치즘과 스탈린주의는 인간과 신과의 화해, 영원한 것의 부름에 반대하는 20세기의 위대한 반역이었고 20세기의 폭력은 그리스도를 자기 뒤에 놓고 있다고 생각하는 사람이 실제로는 자기 앞에 그리스도를 놓게 된다는 것을 보여주었다.169) 나치즘과 스탈린주의는 참으로 그 근저에서 종교적이고 인간 마음의 완고함과 사악함, 그리고 인간 폭력의 뿌리가 깊고 치명적일 수 있음을 알게 했다.

그렇다면 예수 십자가 처형에서 드러난 비폭력적 하나님의 정치가 이를 치료하는 해독제일 수 있다. 예수의 삶과 진리는 신 사랑과 이웃 사랑을 통해서 타자를 외부인으로가 아니라 평등하게 창조된 피조물로 바꾸어주고 우리의 영을 창조주의 부름에로 열어주는 본보기를 실증하기 때문이다. 이러한 의미에서 예수는 인간의 내부의 질병과 폭력을 치료하는 의사라고 할 수 있다. 예수는 자기 환자에게 자신의 목숨을 내어줄 정도까지 세상의 악과 폭력에 뿌리 박혀 있는 치명적 본질을 냉철하게 꿰뚫고 있었다. 그는 결코 세상 현실을 순진하게 생각하지 않았다.

---

169) Charles, K. Bellinger, 같은 책, p. 131.

## (10) 영적 접근

켄 윌버는 영의 진화의 관점에서 의식의 발달 단계를 통합적으로 제시한 미증유의 의식철학자이다. 그는 발달적·구조적 관점에서 헤겔이 『정신현상학』에서 의식의 형태를 전개한 것처럼 영을 최고 정점으로 하는 의식의 통합 이론을 구축한 세계 최고의 영성가이다. 그는 서양 사람이지만 동양의 헤겔로 불린다. 그에게는 의식이 진화하는 단계에서 동양의 전통적 영성을 의식의 미래요 목표라고 믿는 확신과 비전이 있다.

동양의 영성170)은 "모든 다원성의 근저에 깔려 있으면서 이들을 포괄하는 통합적인 일자"171)를 전제한다. 동양 전통에서는 만물의 실재·본질·바탕 곧 우주의 근본 원리로 언급되었다. 힌두교에서는 브라만이라 불렀다. 이는 화이트헤드가 이음새 없는 우주라고 말한 것과 유사하고 윌버가 통합적 전체, 초월적 영, 활

---

170) 여기서 말하는 동양의 영성은 서구의 전통 기독교가 말하는 신성과는 근본적인 차이가 있다. 동양 사회는 신이 없는 세계관을 유지하기 때문에 본질상 그것은 서구 기독교가 말하는 바, 우리와 영원히 분리된 존재론적 절대 타자와의 친밀한 관계성일 수 없다. 동양의 영성은 기본적으로 신과 인간은 궁극적으로 하나됨을 말한다. 반면 서구의 영성은 일반적으로 신과 인간의 영원한 분리에서 시작한다.

171) 켄 윌버, 『에덴을 넘어』 조옥경·윤상일 옮김 (한언, 2008), 41쪽.

동 중인 영이라고 부르는 것이다.172) 그는 "인류의 미래는 신神의
식"173)이라고 말하고 인류의 영은 인간 역사의 전체 맥락 속에서
이런 미래를 향해 발전하고 있음을 추적한다. "인간 의식의 전개
로서…역사는 신성과의 러브스토리이다"174)라고 말한다.

악의 문제에 대한 윌버의 기본 인식을 알 수 있는 주요한 단서
는 에덴동산에서 일어난 사건을 해석하는 그의 관점에서 잘 드러
난다. 그는 에덴 사건을 기독교의 전통적 관점에서 해석하지 않
는다. 그는 에덴 사건을 인간의 타락과 원죄의 프리즘으로 읽지
않는다. 그는 에덴동산에서 두 번의 추락이 있었다고 본다. 이 두
번의 추락이 무엇인지를 알아보자. 우선 첫 번째 추락을 말해 보
자.

에덴동산에 사는 아담과 이브의 의식은 선악 구분이 없는 유아
의식 상태가 아니다. 그렇다고 그들은 신과 대화를 실제적으로
충만하게 나누고 제약 없이 누릴 수 있는 초개인적 지복 상태에
있지 않았다. "에덴의 사건은 추방과 추락이라는 오욕의 사건이

---

172) 윌버, 같은 책, 41–44쪽.

173) 윌버, 같은 책, 30쪽.

174) 윌버, 같은 책, 36쪽.

아니다. 극복과 성장을 통한 독립 선언이라는 축복의 향연"175)이
다. 이 축복은 "새로운 책임감 즉 인류가 항상 충족시킬 수 없는
책임감을 요구하기 때문에 비극적인 결과를 낳는다."176) 단정적
으로 말하면 에덴의 사건은 원죄가 아니라 원복이다. 밀턴은 에
덴의 사건을 자유로운 선택의 결과라고 보고 이를 행복한 타락이
라고 말한 적이 있다. 바꾸어 말하면 원복은 원복인데, 성장의 대
가와 고통이 따르는 축복이라고 이해할 수도 있겠다. 뤼디거 자
프란스키는 에덴 사건의 악을 "자유의 드라마"177)라고 표현한다.

에덴동산의 인간 의식은 "낙원 같은 태곳적 침잠 상태", "환경,
의식, 신체 모두가 대부분 미분화된 상태"178)에 머문 의식이고 이
로부터 떨어져 나옴이 아담의 추락이다. 따라서 이 추락은 타락
이 아니라 좋은 것이다. 이 추락은 "인류는 잠재의식 속에서 빠
져 있던 선잠에서 출현했으며 자기반성적이면서 고립된 자각으

---

175) 윌버, 같은 책, 13쪽. 옮긴이의 글에 나오는 표현이다.

176) 윌버, 같은 책, 32쪽.

177) 뤼디거 자프란스키, 『악 또는 자유의 드라마』, 곽정연 옮김 (문예출판
　　사, 2000) 이 책에서 저자는 악은 인간 자유의 드라마이며 자유에 대한
　　대가라고 말한다.

178) 윌버, 같은 책, 444쪽.

2. 악의 분석 • 129

로 깨어났다"179)는 것을 의미하기 때문이다. 이것은 진화적 진보이고 성장이다. 그렇지만 추락이기는 추락이다. 그것은 "선행하는 어떤 높은 영역으로부터의 추락이나 초개인적 천상으로부터의 추락"이라서가 아니라 "대지, 자연, 본능, 정서, 비자기의식, 따라서 전개인적 영역으로부터의 추락"180)이기 때문이다. 따라서이 추락은 진화하는 의식의 관점에서 보면 하강이 아니라 상승이다. 아담과 이브가 태곳적에 살았던 에덴동산은 천국 같은 낙원이 아니다. 지구상 어디에도 어느 시점에서도 그러한 천국 같은 곳이 있었을 리는 만무하다.

이러한 잠재의식적 상태에 머문 에덴으로부터의 추락은 인간이 사멸성을 지각하면서 그와 동시에 유한한 세계를 향해 의식적으로 깨어난 것을 의미한다. "그것은 원죄가 아니라 원죄(잠재의식적 상태에서 분리되어 나옴)에 대한 원초적 불안이었다."181) 다시 말하면 아담과 이브는 자신들이 잠재의식 상태에 있었지만 이를 깨닫지 못했고 이제 추락해서 또는 추락할 즈음에 그것을 의식적으로 알게 되는 불안을 느낀다. 따라서 추락은 추락 이전과

---

179) 윌버, 같은 곳.

180) 윌버, 같은 책, 444-45쪽.

181) 윌버, 같은 책, 445쪽.

이후로 갈라지는 의식의 찰나적인 분화를 뜻한다.

에덴동산에서 잠재의식적 상태에 있다가 여기서 벗어나 진정한 자기의식적 책임을 지고 있는 현실적인 삶을 스스로 시작해야 한다는 깨달음이 일어났고 이는 원초적 불안을 안겨다 준다. 처음에는 잠을 자며 들판에 핀 백합의 삶, 초시간적 영원에서가 아니라 그저 순박한 삶을 살던 그들에게, 말하자면 그 낙원 같은 무지 속에 살았던 그들에게 무슨 진정한 자의식이 있었겠는가?182) 따라서 선악과를 따먹은 것 그 자체는 결코 원죄가 아니다. 그것은 "자의식과 정신적 반성"183)을 최초로 획득한 것을 의미한다. 이러한 진화적 인식에 수반하는 "원초적 소외" 그리고 "원초적 소외에 대한 원초적 불안"184)이야말로 원죄인 것이다. 그러므로 "아담과 이브는 에덴동산에서 쫓겨난 것이 아니라 스스로 성장해서 걸어 나온 것이다."185) 이것이 첫 번째 추락 사건의 전말이다.

첫 번째 추락의 본질은 최초의 시원적 자의식의 분화 즉 에고의 출현이다. 에고의 출현 시기는 기원전 2,000년경이

---

182) 윌버, 같은 곳.
183) 윌버, 같은 곳.
184) 윌버, 같은 곳.
185) 윌버, 같은 곳.

다.186) 두 번째 추락은 무엇인가? 이를 이해하자면 윌버의 이른바 존재의 대사슬187) 개념을 알아야 한다. 윌버는 실재는 가장 낮은 물질적 지평에서 시작하여 최종적으로 궁극적인 영적 깨달음에 이른다고 주장한다. 그에 의하면 인간 의식은 가장 낮은 수준인 ① 물리적 물질적 자연에서 시작하여 → ② 생물학적 신체 → ③ 낮은 마음 → ④ 진보한 마음 → ⑤ 낮은 혼요기·심령 수준 → ⑥ 높은 혼성자·정묘 수준 → ⑦ 원인적 영현자·무형상 수준 → ⑧ 궁극적 영싯다·비이원 수준의 단계로 진화하는 구조이다.188) 이는 우주의 진화적 역사 원리로서 서구에서 이른바 존재의 대사슬로 알려져 있다.

　① 단계의 물질적 자연 수준은 물리적 자연과 낮은 생명 형태의 구조이다. 실재에 대한 인식 수준으로 표현하면 물리학적 지식 수준이다.

　② 단계의 생물학적 신체 수준은 최상의 생명 형태의 구조

---

186) 윌버, 같은 책, 447쪽.

187) 일반적으로 존재의 대사슬은 모든 존재들이 궁극 영의 다양한 현시로서 상호 전일적으로 통합되어 있다는 신념을 가리킨다.

188) 윌버, 『에덴을 넘어』, 47, 448, 451쪽; 『모든 것의 역사』, 90, 449쪽; 『모든 것의 이론』 80쪽.

이다. 이 수준은 생물학적 지식 대상이다.

③ 단계의 낮은 마음 수준은 초기 마음, 하위 마음으로서 언어적, 신화적, 원시논리적, 집단소속적, 성원의식적, 이원심리적 구조이다. 이 수준은 심리학적 지식 단계이다.

④ 단계의 진보한 마음은 상위 마음이라고도 하고 합리적, 정신적, 에고적, 자기반성적 구조를 가진다. 현대의 합리적, 과학적 문명이 가능한 지성적 차원이다.

⑤ 단계의 낮은 혼 수준은 심령심혼적 수준이라고도 하고 화신 구조이다. 화신 구조의 단계에 해당하는 사례를 들면 랄프 왈도 에머슨, 헨리 소로, 월트 휘트만 같은 소수의 개인이나 요가 수행자, 샤먼 등이 있다. 의식이 감각적 자연 세계와 하나가 되는 자연 신비주의적 경험 차원이다.

⑥ 단계의 높은 혼 수준은 정묘적 수준이라고도 하고 보신 구조이다. 여기서 개인은 감각적 자연 세계의 원천이나 바탕과 하나가 되는 신성유신론적 신비주의적 경험을 보고한다. 그 예로 아빌라의 테레사, 빙겐의 힐데가르드, 기독교 신학자 위 디오니수스, 인도의 요가 학자 파탄잘리가 있다.

⑦ 단계의 원인적 영 수준은 법신적 수준으로서 무형무신론
적 신비주의적 경험 차원이다. 무상삼매나 무형상에 대
한 안정적 명상 상태이다. 여기서 원인은 유한한 영역에
서 "무한하면서도 창조되지 않은 근원이나 기원원인"189)
을 말한다. 이 원인은 공성이고 온갖 형상을 여읜 직접적
인 무형상의 자각이고 세계 과정으로 활동하는 단 하나
의 궁극의 원인으로 작용한다. 이를 원인 수준의 의식이
라고 말한다. 여기에는 자기도 타자도 신도 존재하지 않
는 순수한 무형상만이 존재한다. 이 수준은 세상을 포함
하면서 완전히 초월하는 의식 수준이다. 여기에는 크리
슈나, 붓다, 예수, 노자가 속한다.

⑧ 단계의 궁극적 영 수준은 원인 영역의 상태를 넘어서는
경험으로서 절대영, 청정신이라고도 하고 원인적 무형상
이 형상으로 된 세계 전체와 합일되는 것을 의식하는 차
원이다. 이것이 비이원 상태로 알려져 있으므로 비이원
신비주의라고 일컬어진다. 비이원 신비 상태는 주체와
객체가 하나가 되거나 비이원임을 의식하는 차원이다.

---

189) 윌버, 『성, 생태, 영성』 상권, 조옥경·김철수 공역 (학지사, 2021), 384
쪽.

참된 비이원 의식은 형상과 순수 무형상의 합일 의식이
다. 윌버는 이를 통합 신비주의라고도 부른다. 여기에는
마이스터 에크하르트, 티벳의 예셰 초걀, 인도의 스리 라
마나 마하르쉬, 중국의 혜능이 속한다.

8개의 단계 중 상위 단계 4개는 에고적 과학 지식 수준을 넘
어서는 심령적 직관 수준, 정묘한 자각 수준, 원인적 통찰 수
준, 궁극적 합일 수준으로 모두 신의 권역이나 신성한 영의 영
역에 속하고 이러한 신령한 영역에 관한 신학적 신비적 차원의
지식 수준에 상응한다고 볼 수 있다. 이러한 의식의 수준과 구
조는 초개인적 의식, 자아초월적 의식, 초의식으로 다양하게
언급된다. 개개인은 정관적 수련과 실천을 지속적으로 수행함
으로써 평균적 정상의식의 최고 변성태 즉 궁극 상태의 의식에
접근할 수 있다. 궁극적 영의 상태에 이르면 모든 현상에 높낮
이의 차이를 가진 남아 있는 분리된 자아는 소멸된다.

이러한 윌버 버전의 정신현상학에 따르면 첫 번째의 추락을 경
험한 인간 의식은 처음에는 물리적 자연에서 시작하여 초기 마음
의 단계를 거쳐 상위 마음에 이르는 데까지 성장했으나 심령심혼
과 영의 수준까지는 발달하지 못했다. 이렇게 되는 데는 내력이

2. 악의 분석 • 135

있다. 개개의 의식 수준은 궁극 영 자체의 현시 혹은 표현이다. 각 수준이 자기 수준에 머물고 정체하는 것은 자기보다 높은 수준에 대한 기억을 잃었기 때문이다. 이리되면 각 수준은 영이 점차 낮아지는 수준으로 영 자신이 자신을 잃어가는 하향적 방향으로 진화하는 과정을 밟는다. 이러한 하향적 움직임의 진화를 역진화라고 한다.190) 따라서 정신적 에고는 이러한 역진화의 길을 밟음으로써 신성으로부터 멀어지고 절대영으로부터 점차 하강하며 소외, 분리, 대상화, 이원성, 투사 수준으로 역행한다. 이리하여 인간 의식은 자신의 근원·본질·바탕·운명을 망각하고 법신으로서의 영 혹은 절대 신성으로서의 영으로 복귀하지 못한 탓에 탄생·죽음·소외·죄의 굴레를 벗어나지 못하는 필멸의 삶과 운명을 살아가야만 했다.

두 번째 추락은 처음으로 출현한 인간의 자의식이 인간 발달의 상승 단계를 밟지 못하고 하강 단계로 역진하는 현상을 가리키는 말이다. 영으로부터 분리된 소외 의식, 분리된 자아 감각은 심령이 신성에서 멀어진 원초적 움직임의 재현으로서, 원죄가 있다면 바로 이것이 원죄라고 할 것이다. 윌버는 이것을 악의 기원으로

---

190) 윌버, 『아이 오브 스피릿』, 김철수·조옥경 옮김 (학지사, 2015), 449, 451쪽.

본다. 만일 인간에게 원죄에 대한 자각이 일어났다고 하면 그때
는 인간 의식은 죄와 악의 극복 가능성의 맹아를 보유하게 된다.
원죄는 비이원의 영에 대한 인류의 무지이기 때문이다. 이러한 의
미에서 원죄는 환상이요 착각이다. 모든 존재는 영의 현현이기
때문이다. 이에 대한 기억을 잃고 망각 속에 지낸 것이 두 번째 추
락이다. 그러므로 브라만으로 귀환하는 것이 기독교 신학에서 말
하는 원죄 곧 타락을 극복하는 일이 된다.

인간의 기본 본성은 궁극적 전체의 영을 향해 가는 진화에 있
다. 궁극적 영적 전체는 인간 의식 자체의 궁극적 본성이다. 이러
한 무한하고 영원한 전체의 재발견은 인간의 가장 위대한 욕구이
다. 그러나 모든 개인은 "진정한 초월에 대해서는 겁을 먹는다.
초월에는 고립되고 분리된 자아 감각의 죽음이 수반되기 때문이
다."191) 그는 자아에 대해 죽고 싶지 않기 때문에 자신의 에고만 붙
들고 있다. 그는 전체를 원하지만, 전체에 저항한다. 인간은 분리
된 자아에 집착하기 때문에 그것이 죽는 것을 두려워해서 이를 막
아주는 상징적 대체물을 고안한다. 에고가 불멸 존재가 되어야 하
고 우주의 중심에 자리하며 강력한 존재 곧 신이 되어야 한다는 시

---

191) 윌버, 『에덴을 넘어』, 51쪽.

도와 노력을 윌버는 "아트만 프로젝트"[192]라고 부른다.

이 아트만 프로젝트는 에덴동산에 있었던 두 번째 추락의 본질을 나타낸다. 불행하게도 아트만 프로젝트는 현대 사회의 일상적 삶의 방식이다. 이러한 의미에서 "모든 것들이 천국의 지대로부터 추락했다. 모든 실체는 영의 회상으로부터 추락했다. 인간이 이 근원을 의식적으로 가정하고 근원을 살지 못하는 한, 분리된 자아감을 사는 한 원죄 상태 또는 영으로부터의 원초적 소외에 참여하고 있는 셈이다. 그러므로 우리는 그 원죄를 반복하고 있다. … 실로 이러한 이유로 모든 자아는 유아조차도 원죄 안에서 태어난다. 분리된 자아감은 원죄인데, 그 행위 때문이 아니라 단순하면서도 순진하기까지 한 그 존재 때문이다."[193]

결론적으로, 에덴동산에서 아담과 이브가 선악과를 따먹은 사건은 이중 추락이다. 윌버는 첫 번째 추락과 두 번째 추락을 각각 "과학적 추락", "신학적 추락"이라고 부른다.[194]

이제 세계의 고통과 인간의 악이 어디에서 나왔는지가 밝혀졌다. 그러면 이 추락으로부터의 구원은 가능한가? 과학적 추락은

---

192) 윌버, 같은 책, 52쪽.

193) 윌버, 같은 책, 462쪽.

194) 윌버, 같은 책, 459쪽.

진화론적 사실, 생물학적 사실이자 문화적 역사적 사실이다. 이 것을 부인하려고 애쓸 필요는 없다.

문제는 신학적 추락이다. 그러나 이 추락도 인간에게 딜레마를 안겨 준다. 인간은 한편으로는 영으로부터 멀어지는 것을 자신의 기본 속성으로 하는 존재이고 다른 한편으로는 궁극적 전체의 영을 동경하는 본성을 가지고 있다. 이 양극성은 인간의 타고난 모순적 기질이기에 인간은 불안정한 영의 질서 속에서 인간의 고통과 세계 악을 제거하는 일을 병행적으로 수행해야 한다. 인간은 시간적 존재이므로 자신의 궁극적 영의 영역에 진입하기 전에 현실과 부딪쳐서 선을 만들어 가야 한다. 그러므로 악은 언제나 현존하기 마련이다. 악은 궁극적 영의 견지에서 마야 즉 환영이므로 영의 궁극 진리를 깨닫기 전에는 악을 피할 수 없다. 그러나 깨달은 후에는 악은 환영이므로 제거할 필요나 노력을 요구하지 않는다. 악의 완전한 제거는 전 인류가 절대영, 청정신의 경지에 진입한 후에나 가능하다.

그렇다면 이 세상에 사는 동안 구원을 받는 일이 가능하겠는가? 인간의 영적 딜레마를 피할 수 있는 길이 있는가? 이 문제에 대한 윌버의 기본 입장은 다음과 같다. 인간의 "부자유에 대한 궁극적 해법은 인본주의 마르크스주의자나 프로이트 보수주의자에게 있는 것이 아니라 불교, 견성, 해탈, 각성, 해방, 깨어남, 회개metanoia에 있다."195)

그러나 이 대답은 답이 되기 어렵다. 인간은 현실에 발을 딛고 살아가기 때문에 이러한 답은 소수의 성인이나 현자에게 유효할지 몰라도 보통 사람에게는 아득한 이야기이고 비현실적이야기이다. 내가 심령 또는 영의 수준에 진입한 사람이라면 그렇게 할 수 있다. 그러나 일반인들에게는 극히 어렵다. 영의 최고 수준에 입문한 신비가, 신비주의자들은 일반인이 본보기로 삼을 수 있는 전범일 수 있다. 그러나 일반인들은 그런 수준을 모르고, 알아도 마음의 한구석에 제쳐두고 살아간다. 그들은 그런 수준에 있지 않기 때문에 설령 흉내를 낸다고 해도 신비가들의 인식과 지혜와 실천과 동일한 것일 수 없다. 신적 존재가 아닌데도 신적 존재가 하는 것처럼 행동하는 것은 행동할 수는 있겠으나 그 자체로 모순을 내포하는 것이다. 물론 신비가들은 이렇게 낮은 수준에서 이루어지는 개혁을 무시하는 것은 아니다. "신비가는 낮은 수준을 초월하지만 포함한다."196) 진정한 신비가는 낮은 수준에서 일으키고 일으킬 수 있는 개혁을 무시한 채 오로지 자신만을 위

---

195) 윌버, 『에덴을 넘어』, 500쪽.

196) 윌버, 같은 책, 506쪽.

한 깨달음을 추구하지 않는다. "신비가는 절대적 자유를 정당하게 주장하면서도 중간 지대에서 어떤 영향을 줄 수 있는 상대적 자유를 결코 회피하지 않는다."197) 그러면서 분리된 자아가 주체 영역 또는 객체 영역에서 일어나는 모든 고립된 활동이나 개혁을 통해서 안전을 누릴 수 있다는 환상을 갖지 않는다. 진정한 신비가는 주체와 객체를 초월하면서도 어떤 것도 도외시하지 않은 채 둘 다를 포함하며 또 포함한 후에 그 속에서 완전한 동일성을 찾는다. 이러한 해법은 궁극적 해법이다. 이러한 해법은 신비가들에게는 맞다. 그러나 평균적 삶을 사는 일반인들에게는 어울리지 않는다.

그러므로 현실적 해법을 찾아야 한다. 현실은 해탈이나 회개나 신비주의적 경험이 없는 자들의 삶이기 때문이다. 현실이 주는 고통과 악을 인지하고 처리하고 싸우는 자는 영에 대한 무지 속에서 사는 사람들이기 때문이다. 세상에 악의 순환이 그치지 않는 근본 이유는 바로 이것이다. 현실의 악은 평균 수준의 의식이 진화하여 더 많은 신비가들이 나올 때까지 기다려주지 않는다. 주체와 객체의 경계를 초극하는 비이원 의식이 나오려면 얼마나 많은 시간을 기다려야 할 것인가! 불교 전승에 의하면 억겁이 필요하다.

신비가의 의식 수준에 도달하지 못한 사람들이 세계의 악과 현

197) 윌버, 같은 곳.

실의 고통 앞에서 할 수 있는 일은 무엇일까? 분리된 자아가 존재하는 한 억압과 고통과 부자유는 불가피한 현실이다. 악의 현실에 대해 악의 원인이 외부에 있다거나 내부에 있다거나 하는 논쟁을 일삼기보다는 주관적 요인과 객관적 요인을 통합하는 참된 초월의 길을 찾아야 한다. 어느 한 편, 어느 진영이 우월하다는 생각을 버리고 악과의 싸움에서 참여자가 "세계 과정 전체와의 궁극적 동일시, 세계 과정으로서의 궁극적 동일시를 회복하는"198) 길로 인도하는 선택을 해야 한다. 분리된 자아가 여전할 수 있는, 아트만 프로젝트가 강고해지는 선택은 피해야 한다.

월버는 자유주의와 보수주의, 자유좌파와 보수우파의 진영 논리가 이러한 선택을 어렵게 만드는 현실적 요인이라고 보고, 의식 수준의 변화를 요청한다. 현실 세계는 어느 한 편의 진영 논리를 고수하는 것이 아니라 양측의 의식 수준을 통합하는 것을 필요로 한다. 여기에서 분별적 지혜가 필요하다 분별적 지혜는 "질적인 구별과 가치의 서열화 및 깊이에 기초해서 내리는 판단"199)을 말한다. 아마도 아리스토텔레스가 말하는 프로네시스 즉 실천

---

198) 월버, 같은 책, 509쪽.

199) 월버, 『진실 없는 진실의 시대』, 김훈 옮김 (김영사, 2017), 30-31쪽. 김철수가 쓴 해제의 글에서 인용.

적 지혜와 비교될 수 있을 것 같다.

윌버의 통합 정치는 자유주의와 보수주의가 지닌 "최고의 것을 통합시키는 보다 종합적이고 균형 잡힌 정치"[200]를 말한다. 이러한 통합 정치는 인간 고통의 원인을 객관적 세력에 두는 자유주의자의 수준과 주관적 능력과 역량에 두는 보수주의자의 수준을 통합하는 일이다. 자유주의 좌파는 인간이 겪는 고통은 외부의 사회 제도를 탓하는 경향이 강하고 보수주의 우파는 내면세계에 문제가 있는 사람 탓으로 보는 경향이 강하다. 따라서 "자유주의자들은 사회에 대한 외부적 개입을 주장한다. 부를 재분배하고, 더 공평한 결과를 얻도록 사회 제도를 바꾸고, 경제적 성과를 균등하게 나누고, 무엇보다 평등을 추구하는 것이다. 전형적인 보수주의자들은 가족의 가치를 가르치고, 개개인이 스스로에 대해 더 많은 책임을 지고…느슨해진 도덕 기준을 강화하고, 직장 윤리를 고무하고, 성과에 대해 보상할 것 등을 주장한다."[201]

그러므로 주관적 내부적 요인과 객관적 외부적 요인은 통합되어야 한다. 양측은 각각 실재에 대한 다른 인식이고 실재의 통합적 인식은 내적 요인, 예컨대 가치, 의미, 도덕, 의식의 발달과 외

---

200) 윌버, 『모든 것의 이론』, 김명권·민회준 옮김 (학지사, 2015), 134쪽.
201) 윌버, 같은 책, 133-34쪽.

적 요인, 예컨대 경쟁 상황, 물질적 풍요, 기술 발전, 사회 안전망, 환경을 다 같이 고려함으로써 이루어진다. 따라서 진정한 통합 정치는 내적 발달과 외적 발달을 도와주고 진화시키는 것이다. 이는 양측 의식 수준의 진화가 필수적이다. 보수우파는 자기중심적, 인종차별적 의식에서 세계중심적 의식으로, 자유좌파는 내면적 영역의 무시나 외면에서 그에 대한 진지한 인정이나 인식으로 상호 벌충되어야 한다. 즉 양측의 균형을 잡아주는 의식, 상호 보완하는 의식, 요컨대 통합적 의식 수준이나 단계로 발달해야 한다.

보수주의자는 사회 제도나 사회 질서의 불안전을 싫어하는 경향을 보인다. 국가에서 기회를 제공할 때 기회를 살리는 책임은 제도가 아닌 사람에게 있다고 믿기 때문이다. 자유주의자는 개인에게 무언가 있는 문제를 중히 여기지 않는 경향을 보인다. 모든 사람은 평등하게 태어났다고 믿기 때문이다. 따라서 자유주의자에게 주어지는 성공적인 통합 정치를 위한 조건은 자유주의자가 내면적 요인을 중대하게 인정하는지에 의존한다. 보수주의자에게 성공적인 통합 정치의 관건은 그들이 자기중심적, 민족중심적에서 세계중심적으로 옮겨갈 수 있는지가 될 것이다. 각 진영이 자신의 전통적 결함을 얼마나 치밀하게 고민하고 현실 정치에서

실행할 것인지가 진정한 통합 정치의 성패를 가를 것이다.[202]

　이러한 통합적 관점에서 볼 때 "가장 절박한 과제는 자유주의 전통과 진정한 영성을 통합하는 방식에 있다."[203] 아마도 최우선적 의제가 되는 것은 자유주의자 측의 변화일 것이다. 이것은 자유주의 진영에 역사의 진보적 진화에 대한 책임이 더 많이 지워진다는 것을 의미한다. 이리되면 윌버는 사회적 정치적 제도의 변화보다 마음의 변화를 더 중시하는 입장에 서는 셈이다. 즉 존재의 변화보다 의식의 변화가 먼저이다. 그는 근본적으로 영성가이기에 영성 우위의 인본주의적 입장에 설 수밖에 없다. 그리고 그는 통합 정치의 성공은 세계의 악과 인간의 고통을 덜어주고 사회와 정치문화의 영적 진화를 촉진하는 데 기여할 것이라고 믿는다.

　윌버는 9·11 사건의 악에 대한 분석과 이해에서도 의식 수준이나 단계의 발달 관점에서 통합 이론적 접근법을 사용한다. 이러한 방법론을 통해 그는 9·11을 어떻게 바라보는지, 무엇을 해야 하는지를 말해주고자 한다.

　그는 의식의 스펙트럼을 여섯 개에서 여덟 개 내지 열두 개로 구분하고 그에 대응하는 각각의 자아 유형에 가지각색의 이름을

202) 윌버, 같은 책, 142, 246쪽.

203) 윌버, 『아이 오브 스피릿』, 김철수·조옥경 옮김 (학지사, 2015), 23쪽.

붙여준다. 각각의 자아는 자신의 색으로 자아를 대표한다. 이 색은 무지개의 색처럼 배열된다. 색이 대표하는 자아들은 9·11 테러에 대해 각각 전형적인 반응을 보여준다. 색이 배정된 의식의 스펙트럼은 총 3개 층으로 나뉘는데, 1층은 6개의 자아 유형크림슨, 마젠타, 적, 앰버, 오렌지, 녹색, 2층은 2개의 자아 유형틸, 터쿼이즈, 3층은 4개의 자아 유형인디고, 바이올렛, 자외선, 청청광색이 배열되어 있다.

12개의 자아 유형204)은 저마다 다양한 방식으로 자신을 드러내는 심리구조, 가치체계, 적응방식을 가진다.205) 이러한 유형별 성질은 교육, 경영, 경제 상태, 정치 이론과 실제에 관한 생각과 취향에 부합한다.206) 따라서 사회적 긴장과 갈등은 이러한 성질을 가진 자아 유형 간의 불신과 반목, 대립과 증오로 풀이된다. 존재 갈등은 의식 수준 간의 갈등이다.

처음 6개의 자아 유형은 1층 사고 단계로서 그 특징은 생존 수

---

204) 아래에서 소개되는 12개 자아 유형에 대한 내용은 윌버의 설명에 대한 간단한 요약적 인용 또는 발췌이다. 윌버, 『모든 것의 이론』, 김명권·민회준 옮김 (학지사, 2015), 24–37쪽 참조. 또한 『모든 것의 목격자』, 김훈 옮김 (김영사, 2016), 42–66쪽; 『모든 것의 이론』, 80쪽 참조.

205) 윌버, 『진실 없는 진실의 시대』, 19쪽. 김철수가 쓴 해제의 글에서 인용.

206) 윌버, 같은 책, 23쪽.

준이나 소유 수준이다. 다음 2개의 자아 유형은 2층 사고 단계로서 존재 수준이라고 특징지어지고 이는 "의식의 혁명적 전환"[207] 덕분이다. 1층 사고와 2층 사고 사이에는 기념비적 순간적인 도약이 있고 이 도약 즉 의식의 혁명적 전환으로 인해서 2층 사고가 시작된다. 2층 사고는 어느 한 수준의 관점에서가 아니라 의식 발달의 내적 단계 전체를 조감하는 관점에서 사고가 진행된다. 그래서 2층 사고는 근본적으로 새로움과 전례 없는 성격 때문에 모든 것을 절대적으로 변화하게 한다.[208] 이 때문에 2층 사고는 상대주의에서 전일주의로, 다원주의에서 통합주의로 옮겨가는 수단이다. 3층 사고는 심령적 수준, 정묘적 수준, 원인적 수준, 궁극적 수준의 영을 포함하는 초의식 단계이다.

1층 사고의 첫 네 수준은 전통적 가치 체계로, 다음 오렌지색 수준은 근대적 가치 체계로, 그 다음 녹색 수준은 탈근대적 가치 체계로, 2층 사고의 터콰이즈색청록색 수준은 통합적 가치 체계로 특성화할 수 있다.[209] 또 다른 범주를 사용한다면 첫째 수준은 이기적 단계로, 둘째 수준은 배려 단계로, 셋째 수준은 보편적 배려

---

207) 윌버, 『모든 것의 이론』, 26쪽.

208) 윌버, 『진실 없는 진실의 시대』, 77쪽.

209) 윌버, 같은 책, 142쪽.

단계로, 넷째 수준은 통합적 단계로 분류할 수 있다.210) 좀 더 익숙한 철학적 용어를 써서 차례대로 간단하게 표현하면, 전통주의, 근대주의, 탈근대주의, 통합주의라고 단순화할 수 있다.

9·11 테러 집단을 포함한 과거의 테러 집단들은 대체로 적색 자아의 권력 충동을 동반한 매우 강고한 앰버색호박색의 민족중심적인 정체성을 주된 정체성으로 갖고 있었고 이때의 앰버색 자아는 거의 항상 매우 강력한 '우리 대 그들'이라는 사고 구조를 갖추고 있었으며 이런 집단은 스스로가 특별히 선택받은 사람들이고 다른 집단은 이방 집단으로 취급했다. 이러한 태도가 일반화됨으로써 '우리 대 그들'의 사고는 신성한 사람 대 이교적 사람이라는 사고로 확장되었고 이는 우리 아닌 사람들은 악마화되어 개종시키거나 죽여야 한다는 종교적 근본주의로 전화한다. 사실 대부분 종교는 초기에는 본질적으로 '우리 대 그들' 도식이라는 민족중심적인 성격을 갖고 있었고 근본주의적 신화적 종교에 편향되어 있었다.211)

종교 광신적 테러 집단의 앰버색 자아의 의식 상태는 서구를 이교도로 보고 서구 사회의 세계중심적 성격에도 불구하고 거대한

---

210) 윌버, 같은 책, 143-44쪽.
211) 윌버, 같은 책, 62-64쪽.

악마로 간주한다. 따라서 그들은 중세의 십자군 원정군이 그랬듯이 이제 서구를 유일신의 이름으로 죽여야 한다고 생각한다. 이렇듯 '우리 대 그들' 사고 구조는 개개인에게 심어지게 되면 많은 사람이 지하드 즉 성전의 이름으로 테러를 자행할 수 있게 만든다.

1, 2층 사고의 자아 유형들은 인간의 성장과 발달의 단계를 대표한다. 크림슨색적외선, 진홍색 자아는 유인원에서 인간으로 처음 진화된 태곳적 단계, 마젠타색자홍색 자아는 마법적-충동적 단계, 적색 자아는 마법적-신화적 단계, 앰버색호박색 자아는 신화적 혹은 민족중심적 가치들의 단계, 오렌지색주황색 자아는 합리적 혹은 근대적 가치들의 단계, 터콰이즈색청록색 자아는 통합적 혹은 종합적이며 통합적인 최초 수준의 단계이다. 이보다 더 압축하면 네 단계로 나타낼 수 있다. 태초 단계와 마법적 단계는 자기중심적 단계로서 크림슨색과 마젠타색과 적색이 대표하고, 민족중심적 단계는 앰버색이 대표하며, 세계중심적 단계는 오렌지색과 녹색이 대표하고, 우주중심적 단계는 통합적 단계로서 틸색암녹색과 터콰이즈색청록색이 대표한다.

인류 진화의 역사를 이렇게 거시적으로 본다면 테러 집단의 앰버색 자아의 의식 상태는 "조각나고 분리되고 고통 받는 개별 자

아라고 하는 것에서 통합되고 각성되고 깨달은 앎"212)으로 변화
되어야 한다. 자기중심적 또는 민족중심적 전통성은 인류를 포
용하는 세계중심적 단계로 초입하는 근대성의 오렌지색, 다양성
과 주관적 감수성이 지배하는 탈근대성의 녹색과 함께 전체적 통
합성의 터콰이즈색청록색으로 전환되어야 한다. 앰버색 자아의 중
심적 정체성은 터콰이즈색의 전체성에 통합되어야 한다는 것이
9·11 테러가 인류에게 주는 교훈이다. 1층 사고에서 2층 사고로,
앰버색 자아에서 녹색 자아를 넘어서 순간적인 도약을 이룩하여
터콰이즈색 자아로 성장하는 일 말이다. 따라서 9·11 테러가 인
류에게 남긴 과제는 어떻게 우리가 2층 자아 수준으로 변할 것인
가 하는 문제이다.

　각각의 자아 단계들은 오로지 자기만이 중요하다고 생각한다.
하지만 참된 문제는 통합적 단계로 도약하는 일이다. 개개의 자
아 수준들은 사안 사안마다 서로를 공격하고 미워할 것이다. 따
라서 "항상 어느 집단이 먼저 미워하는 것을 그치고 상대를 사랑
하기 시작해야 하는가"213)가 문제이다. 아무도 '내가 먼저'라고 말
하지 않는다. 따라서 먼저 진화한 사람이 자진할 수밖에 없다. 통

---

212) 윌버, 『진실 없는 진실의 시대』, 65쪽.

213) 윌버, 같은 책, 255쪽.

합주의에 눈을 뜨고 그런 방향으로 나아갈 준비가 된 사람이 그 일을 맡아야 한다. 그렇다면 통합적 관점이 이를 위한 시작점이 고 2층 사고로 가는 수단을 제공해 줄 것이다.

이제 통합적 관점으로 진화하는 과정을 살펴보자. 적색 인간들 은 9·11 공격에 대해 즉각적으로 '죽여라'라고 반응한다. 그것은 "격노와 복수"214)의 반응이다. 적색 인간들은 그 테러가 인간성, 문명, 조국, 신에 대한 공격이 아니라 '나'에 대한 공격이라고 생 각한다. 그리고 그 반응은 그들의 두개골을 부수어버리라는 것이 다.215)

호박색앰버색 인간들은 권위주의적이고 독단적 절대성에 정착 함으로써 안전을 구하는 사고 구조를 가지고 있기 때문에 신은 자신의 편이라고 믿는다. 따라서 나를 포함한 우리를 공격한 그 들의 행동은 악한 것이라고 믿는다. 이러한 의식의 파동은 미국 은 선민이고 신의 택함을 받았다는 믿음으로 인도한다. 바꾸어 말하면 우리는 옳고 그들은 그르다는 생각을 갖는다. 그러므로 누가 공격했는지를 색출하여 죽여야 한다고 믿는다. 그 믿음에

214) Ken Wilber, "The Deconstruction of the World Trade Center: A Date that Will Live in a Sliding Chain of Signifiers," p. 11 (2001, 2006) 인 터넷 검색 자료.

215) Wilber, Ibid.

2. 악의 분석 • 151

따라 오사마 빈 라덴은 CIA 비밀작전에 따라 특공대원에 의해 테러 발생 10년 만에 사살되었다.216) 미국 부시 정권 하의 부통령 딕 체니의 부인이자 미국 국립인문학 재단 총재였던 린 체니도 사건 당시 9·11 공격은 우리의 잘못이 아니며, 평화가 아니라 반테러 전쟁에 임해야 한다고 대학교수들에게 강력하게 요청했다.217) 그들은 그것이 정의라고 확신한다.

적색 인간들이나 호박색 인간들은 9·11 사건에 대해 반테러 전쟁보다 미국의 해외 군사 개입을 반성하고 세계 문명 국가로서의 정치적 의식과 세계 정치적 지도력을 입증할 기회로 삼을 만도 했지만 반대 방향으로 치달았다. 더 나은 선택을 했더라면 아마도 인류의 역사는 한 단계 진화했을 것임이 분명하다. 미국의 초애국주의적 반응은 테러리즘을 자극해서 테러리즘이 세계적으로

---

216) 공교롭게도 이 글을 쓰고 있는 지금이 9·11 사건 20주년 기념일이다. 사건 발생 20년이 지났지만 아직도 주요 테러 용의자들에 대한 재판은 지지부진하다는 소식이 들려오고 미국 일각에서는 미국이 저간에 수행한 해외 공작, 군사 개입, 외교 정책에 대한 반성이 필요하다는 자성도 제기되고 있다고 한다. 왜냐하면 미국은 9·11 테러 주동자 오사마 빈 라덴의 신병 인도를 요구했지만 거절당하자 2001년 아프가니스탄을 침공했고 20년이 되는 현재 모호한 전략으로 고전을 거듭하다가 철군을 완료했기 때문이다.

217) 죠지 캇찌아피카스, "9·11과 미국인의 양심", 『창작과 비평』 30(1), 2002, 30-36쪽.

득세하는 결과를 가져왔다.

오렌지색주황색 인간들은 9·11 테러를 미국에 대한 공격일 뿐만 아니라 자유, 정의, 문명 자체에 대한 공격으로 본다.218) 이 점에서 그들의 시각은 호박색 인간들과 달리 민족 중심, 나라 중심의 국가신화적, 인종중심적이 아니라 세계중심적으로 사고한다고 할 수 있다. 9·11 테러는 종교와 나라와 관계없이 모든 사람들이 보편적으로 믿는 가치에 대한 공격으로 간주된다.219) 그것은 특정 국가의 가치가 아니라 문명화된 삶의 보편적 가치이다. 그래서 9·11 테러범들은 문명과 문화를 알고 가지고 있는 사람들이 아니다. 그러므로 오렌지색 인간들은 이러한 문명의 가치들을 보호하고 지속할 것을 선언한다.

그러나 이러한 반응에도 불구하고 이들이 취한 행동이 군사 행동이라면 적색 인간이나 호박색 인간들과 별반 다를 바 없다. 호박색과 주황색의 의식 수준은 다르지만, 그래서 9·11 테러를 바라보는 시각은 다르지만 선택하는 행동에서는 같다. 실제로 미국의 주황색 인간들은 호박색 인간들과 다르지 않게 아프가니스탄을 침공하는 군사적 선택으로 대응했고 또 그에 동의했다.

---

218) Wilber, Ibid., p. 14.

219) Wilber, Ibid., p. 15.

녹색 인간들은 탈근대적 세계관이 지배적인 의식 구조를 갖추고 있는데, 이들에게는 모든 진리, 가치는 상대화된다. 진리는 없다. 있다면 그것은 사회적 구조들이거나 구성물들일 뿐이다. 니체의 유명한 경구처럼 사실은 없다. 해석만 있을 뿐이다. 어떤 가치도 다른 가치보다 더 우월하지 않다. 특권적 지위와 관점은 허용되지 않는다. 따라서 이들은 "무관점주의"[220]의 관점이다. 이를 뒤집어 보면 자기 관점은 관점 자체를 초월하는 관점이라는 말이다. 이것 자체가 모순이다. 그래서 윌버는 이들이 "수행 모순"[221]이라고 부르는 것을 범했다는 비판에 전적으로 동의한다.

이러한 의식 수준에서 보면 9·11 테러는 인간 행동과 문명을 판단할 잣대인 선과 악의 보편적 표준이 없으므로 이렇다 저렇다 말할 수 없고 말해서도 안 된다.[222] 기본적으로 남이 무엇을 하든 상대방의 것을 존중해야 하기 때문이고 모든 가치는 동등하기 때문이다. 이러한 귀결은 녹색 인간들을 곤경에 빠트린다. 결국, 녹색 인간들은 니힐리즘의 출구를 찾지 못하면 필연적으로 나르시

---

220) 윌버, 『진실 없는 진실의 시대』, 181쪽.

221) 윌버, 같은 책, 50-51, 56쪽.

222) Ken Wilber, "The Deconstruction of the World Trade Center: A Date that Will Live in a Sliding Chain of Signifiers," (2001, 2006), p. 17.

시즘에 빠진다.

　결론적으로, 1층 사고는 좀 더 높은 단계의 수준으로 발달하지 않으면 막다른 골목에 이른다. 1층 사고에 머물고 집착하고 고착되면 인류 사회는 미래에 재앙이 닥쳐도 자업자득이다. 9·11 테러의 극복은 1층 사고에서 2층 사고로 도약하는 것이 유일한 길이다. 1층의 녹색 인간들은 최악의 경우에 모든 테러 행위의 **"학문적 정당화"**223)를 허용한다. 2층 사고, 즉 틸색암녹색, 터콰이즈색청록색 인간들은 테러리즘에 통합적으로 접근한다. 그들이 9·11 테러에 대해 보여주는 반응은 1층 사고를 초월하는 비약적 경험이 이루어진 후의 일로서, 말로 표현하기가 힘들지만 어쨌든 그것은 스스로를 전개하고 의식의 파동 속에서 진화하는 존재 전체에 대한 반응으로 이해되어야 오해가 생기지 않을 것이다. 이들의 의식 차원은 영적 차원과 연결되고 융합하기 시작한다. 1층 사고의 의식 차원에서 성장의 위계질서는 자기중심적 의식보다는 인종중심적 의식이 더 낮고 인종중심적 의식보다는 세계중심적 의식이 더 낮다는 것이다. 이러한 의식들은 관심과 배려와 긍휼의 능력 면에서 단계나 수준의 차이가 있음은 분명하고 성장 면에서 등급의 차이가 있음은 확실하다.

---

223) Wilber, Ibid., p. 18. 강조는 원문 그대로이다.

2. 악의 분석 • 155

이리하여 2층 사고 인간들의 의식 차원은 의미심장하고 중대한 변화를 경험함으로써 "통합적 포용"224) "우주적 질서", "우주적 통일체", "전체상으로서의 영성", "우주적 전체성으로서의 영성"225)이 출현한다. 이러한 의식 차원은 오렌지색 의식 차원, 녹색 의식 차원을 넘어서고 그러면서도 포용한다. 바로 이것이 9·11 테러 및 그 주동자, 공모자, 동조자를 비난할 수 있는 근거이다. 그러므로 보호본능적·자기중심적 적색 단계, 민족중심적·순응적 청색 단계, 세계중심적·양심적 단계 그리고 통합적·전체론적 터콰이즈색청록색 단계로의 자아 발달과 문화적 진화야말로 테러리즘의 원인, 말하자면 억압과 배척에서 벗어나는 유일한 길이다.226) 확실히 지구행성은 지구중심적 의식 수준, 세계중심적 의식 수준, 통합적 전체 의식 수준에 이른 사람들이 지금보다 더욱더 많아질 것을 필요로 한다. 상당수의 사람이 이러한 통합 의식에 도달한다면 60년대의 문화혁명에 버금가는, 세계를 송두리째 뒤흔들 수 있는 대단한 문화혁명을 보게 될 것이다.227)

---

224) 윌버, 『모든 것의 목격자』, 김훈 옮김 (김영사, 2016), 169쪽.

225) 윌버, 같은 책, 175쪽.

226) 윌버, 같은 책, 197쪽.

227) 윌버, 같은 책, 620쪽.

이런 사람들만이 범세계적인 문제 또는 세계중심적인 문제를 제대로 인지할 수 있고 따라서 그런 사람들만이 문제를 해결하기 위해 내면에서 우러난 행동을 할 것이다.228) 자기중심적 단계나 민족중심적 단계에 있는 사람들은 쟁점들을 인지할 수 없고 따라서 관심을 가질 수 없다. 그런 사람들은 오로지 외적 강요를 통해서만 움직일 것이다. 이러한 인간 발달의 문화적 전망에 따르면 테러리스트들은 병리학적 적색 의식에 왜곡된 호박색 이데올로기가 결합된 자아 유형이다.229)

3층 사고의 영적 의식 수준은 터콰이즈색을 넘어서 있는 단계인데, 여기에는 심령적 수준의 인디고색남색 진아, 정묘적 수준의 바이올렛색자색 진아, 원인적 수준의 자외선색 진아, 비이원적 수준의 투명빛색청정광색 진아가 있다. 이 색들은 자아초월적 단계의 의식 수준 즉 초의식들이다. 초의식은 우주를 물리적이 아니라 정신적-물리적인 것으로 이해한다. 터콰이즈색이 우주적 통일성에 관한 관념적 의식이라면 인디고색은 우주적 통일성에 대한 직접

---

228) 윌버, 같은 책, 109쪽.

229) Ken Wilber, "The Deconstruction of the World Trade Center: A Date that Will Live in a Sliding Chain of Signifiers," (2001, 2006), p. 31.

적 경험이다.230) 신비가는 대립물의 통일을 기뻐한다. 선과 악, 고통과 쾌락, 삶과 죽음, 건강과 질병, 내부와 외부, 좌파와 우파의 대립상이 천지만물, 억조창생에 가득해도 모든 존재는 선하고 좋은 것이다. 성경 창세기 1장 31절에도 하나님은 천지를 만들고 자신이 만든 모든 존재가 좋았다고 말한다. 모든 존재하는 것은 영의 위대한 예술작품이고 전체는 하나이다. "영은 존재하는 것의 항상 존재하는 바탕"이고 "모든 발달 단계에서 온전하게 존재한다."231) 이러한 궁극 영을 윌버는 우주적 의식이라고 부른다.

우주는 어떤 식으로든 옳다. 우주는 위대한 영의 일부이기 때문이다. 그러니 9·11 테러와 같은 온갖 공격에도 망연자실해서는 안 된다. 전혀 그 반대이다. 태연자약해야 한다. 그러니 희생자를 위해서, 당신 자신을 위해서 울어서는 안 된다. 모든 인류를 위해서 울어야 한다. 이 모든 일은 고통이다. 그러나 "내가 세상 끝날까지 항상 너희와 함께 있을 것이다."232) 그러니 아무것도 나쁘지 않을 것이다. 그러니 너는 미국인이기만 하겠느냐. 너는 테

---

230) Wilber, "The Deconstruction of the World Trade Center", p. 58.

231) 윌버, 『모든 것의 목격자』, 김훈 옮김 (김영사, 2016), 647-48쪽.

232) 마태복음 20:28.

러범이기만 하겠느냐. 너는 그 모두이다.233) 나는 인류의 일부만
은 아니다. 나는 더욱더 인류의 일부가 될 것이다. 나는 인류 전
체에 속한다. 나는 우주다. 미국인의 분노라는 분노는 전부 다 당
신에게 쏟아져 들어와도 우주만큼 대양인 당신의 마음은 모두를
포함한다. 물론 당신은 상대적 선과 악을 여전히 인식한다. 그럼
에도 불구하고, 그 대립물은 통합되었기에 당신은 할 수 있는 한
선을 행하고 악을 피하며 불의를 바로 잡고 병자를 치유하며 노
숙자에게 쉼터를 제공하고 배고픈 자에게 음식을 주고 제국주의
를 억제하고 테러리즘을 근절하라. 대립물의 투쟁, 만물의 투쟁
은 아이가 무서워하는 잠깐의 악몽에 불과하다.234)

이러한 우주적 의식 단계나 상태에서 테러와 같은 악의 문제에
대한 어떤 실천적 해결이 나오는가? 주의할 것은 발달 단계 단체
는 **"사용되지 않은 가능한 잠재력"**235)을 위한 지침 역할을 하는 것
이다. 따라서 이 발달 단계를 이용하거나 적용할 때 어느 한 수준
이나 차원을 우선 택하여 처방으로 강요하는 것이 아니라 발달 단
계 전체의 건강을 보호하고 촉진하는 역할을 떠맡게 해야 한다.

---

233) Wilber, "The Deconstruction of the World Trade Center", p. 61.

234) Wilber, p. 62.

235) 윌버, 『모든 것의 이론』, 161쪽. 강조는 원문 그대로이다.

월버는 이러한 명령을 "최우선 지침"236)이라고 부른다. 그러므로 3층 사고는 최우선 지침의 지도 이념이자 "현실적 원천"237)의 역할을 수행한다. 아마도 이 말에는 3층 사고가 역사적, 사회적 현실에 상관하는 적절한 구체적 노력을 위한 지혜와 안목 역할을 해야 한다는 뉘앙스가 담겨 있는 것 같다.

그렇다면 악의 현실에 부딪힐 때 최선의 행동 과정은 무엇인가? 최선의 행동 과정은 발달 단계 전체 스펙트럼에 걸쳐 있는 심층 가치를 가능한 한 최대로 충족시키는 행동이다. 그러나 어떤 행동이 그러한 심층 가치를 가장 많이 포함하는 행동인지는 도덕적 직관과 실천적 지혜의 영역이고 따라서 단 하나의 최선의 대답은 없다.238) 이는 세상이 혈과 육의 진흙탕 싸움판이기에 계산적 사고로는 명쾌하게 나오지 않기 때문이다. 다만 추천할 수 있는 것은 3층 사고의 앎과 통찰에 기반한 2층 사고의 도덕적 원리에 따라 정당화될 수 있는 행동이다.239) 여기서 심층 가치는 각 발달

---

236) 월버, 같은 책, 95쪽.

237) Wilber, "The Deconstruction of the World Trade Center", p. 63.

238) Wilber, Ibid., p. 64.

239) Wilber, Ibid.

단계에서 **"절대적으로 중요하고 가치 있는 요인"**[240]을 의미한다.

　개개의 단계를 대표하는 심층 가치를 여럿 중 하나를 일례로 제시하면 다음과 같다. 1층에서 크림슨색은 생리학적 욕구, 마젠타색은 감정적 유대, 적색은 타자 지배, 앰버색은 확실성과 안정성, 오렌지색은 개인적 성취, 녹색은 배려 공동체와 공감이다. 2층은 발달 단계 전체에 걸쳐 있는 욕구 충족의 건강 상태를 숙고하는 행동이고, 3층은 우주 자체의 의에 따른 존재 수준에 대한 욕구, 달리 표현하면 최우선적 지침을 언제나 지키는 욕구이다.[241]

　이러한 최우선 지침의 관점에서 히틀러 나치즘의 아우슈비츠 수용소는 게르만 민족이 우월하다고 믿는 신념 때문에 유대인을 열등한 인종으로 못 박고 말살함으로써 그들의 일부를 살해하는 것이고 독일민족 전체의 발달에 기여할 수 있는 가치 체계를 없앤 것과 같다.[242] 아우슈비츠 수용소는 합리화를 통한 기술의 진보가 종족주의와 인종중심적인 충동에 의해 강요된, 즉 비합리적인 방식으로 사용된 결과이다.[243] 홀로코스트는 기술적 합리성이 민

---

240) 윌버, 『모든 것의 이론』, 95쪽. 강조는 원문 그대로이다.

241) 윌버, 같은 책, 95-98쪽.

242) Wilber, "The Deconstruction of the World Trade Center", p. 63.

243) 윌버, 『에덴을 넘어』, 23쪽.

족중심적 신화 또는 종족적 권력 지배에 봉사한 결과였다.244) 스탈린 파시즘의 굴라그 수용소는 예컨대 솔제니친의 수용소행은 고차적 의식 수준의 사람을 적대시하고 탄압함으로써 더 높은 수준으로 성장하고 발달할 수 있는 젊은이들에게 기여할 심원한 심층 가치를 배척했다.245) 그뿐만이 아니라 젊은 층 역시도 자신의 의미 가치를 그만큼 잃는다.

이러한 반진화의 재앙적 모습은 적색이나 앰버색 단계 아니면 오렌지색 단계에서 최우선 지침이 건강하고 성숙한 행동 과정으로 선택되지 못한 데서 기인한다. 방금 든 예처럼 아우슈비츠 수용소는 합리성의 수준이 인종중심적인 종족주의에 따라 추락하는 역진화 방향으로 움직인 결과이다. 아이히만 같은 행정 관료는 조직의 직무에 극히 성실한 기술자였겠지만 발달의 방향에 무지함으로써 아우슈비츠 수용소와 같은 거악이 조직화 된다. 이처럼 의식의 진화는 각 단계에서 얼마든지 해악을 초래하는 불건전한 방향으로 전개되어 진화적 병리 또는 병리적 진화가 발생할 수 있다. 그러기에 인간 의식은 진화의 단계에서 최우선 지침에 따

---

244) 윌버, 『성, 생태, 영성』 하권, 조옥경·김철수 공역 (학지사, 2021), 350쪽.

245) Wilber, Ibid., p. 63.

라 다음 단계로 초월해 갈 수 있도록 해야 한다.

이러한 자기초월적 진화가 파국적 대가나 참사를 치르는 것을 막아주는 장치가 최우선 지침이 하는 역할이다. 이러한 해석 맥락에서 보면 윌버의 최우선 지침 강령은 칸트의 도덕 명법에 비견될 수 있다. 최우선 지침은 내용은 없고 형식적 기능을 수행한다. 최우선 지침은 악의 문제를 다루고 해결책을 찾아가는 과정에서 자신의 반응과 수준이 어느 단계인지를 확인하고 이를 존중하고 넘어서고 다음 단계로 확장하도록 노력하라고 명령한다. 물론 그 전체적인 그림은 인간 발달은 전개인적 단계 → 개인적 단계 → 초개인적 단계로, 전합리적 단계 → 합리적 단계 → 탈합리적 단계로, 잠재의식적 단계 → 자아의식적 단계 → 초자아적 단계로, 그리고 이드 → 에고 → 신으로 도달해 가는 과정을 거친다는 대전제를 기반으로 한다.246) 이러한 진화 방향으로의 발달만이 각 단계의 건강성을 보장해준다.

이제 최종적으로 마무리하자. 인간악과 그 극복 방법에 관한 두 가지 주요한 견해가 있다. "선함의 회복 모델과 선함으로의 성장 모델이 그것들입니다. …선함의 회복 모델은 그 이름이 암시하는 것처럼…일종의 원초적 파라다이스에서 출발하지만, 억압

---

246) 윌버, 『모든 것의 목격자』, 663-64쪽.

적인 사회의 힘, 이기적 합리성, 분석하고 구별하는 뉴턴-데카르트식 패러다임, 가부장제적 기표들 또는 이른바 파괴적이라고 하는 다른 어떤 힘들이 그 원초의 자유를 분쇄해버렸다고 주장합니다. 원초적 선함은 억압되었고, 그 자리에 인간악이 들어섰으며, 따라서 우리가 할 일은 성숙한 형태의 그 파라다이스를 되찾는 것이라고 말입니다. 선함으로의 성장 모델은 그와 정반대되는 견해를 제시합니다. 인간은 자기중심적이고…이런 자기중심적 태도는 민족중심적 태도로 성장하고 진화하고 확장되며 이어서 진정한 다원론…의 세계중심적 태도로 확장될 수 있습니다. 따라서 인간은 꼭 악하게 태어나는 건 아니지만…성장하고 발달해서 그런 식으로 선하게 될 수 있습니다."247)

이상에서 우리는 악의 문제를 분석하고 그 실제를 진단하며 대책을 제시했다. 이러한 10가지 접근의 진단과 처방의 요지는 아래 도표와 같이 정리될 수 있을 것이다.

---

247) 윌버, 같은 책, 433-34쪽.

| 접근 | 진단 | 처방 |
|---|---|---|
| 과학적 접근 | 인간은 자기 이익만을 추구하는 이기주의적 인간만은 아니고 생명 진화적인 차원에서 자연이 인간에게 심어준 이타적 본성도 있다. | 도덕적 이타적 본성을 선과 악에 대한 학습과 더불어서 더욱 더 선한 방향으로 개선하도록 문화적 도덕적 진화를 추구한다. |
| 법적 접근 | 법은 악을 정의하고 규탄하고 저항하는 것을 돕는 점에서 악을 제거하는 역할을 하지만, 법과 도덕의 괴리가 심화됨으로써 악의 가능성을 현실화하기도 한다. | 법을 통해 사회의 악을 퇴치하되 법이 정의를 왜곡하지 않도록 법치에 대한 도덕성 우위의 감시 체계를 사회적으로 강화한다. |
| 사회·문화적 접근 | 현대 사회와 문화는 삶의 의미와 목적에 대한 보편적 가치를 인정하지 않는 문화적 상대주의의 세계를 살고 있으며 그 결과로 의미 상실의 위기를 겪고 있다. | 탈근대성이 주는 불안과 도덕성 위기가 폭력적 양상으로 나타날 수 있으므로 의미결성의 위기를 극복하는 해결방안들이 필요하다. |
| 역사적 접근 | 인류 역사에 존속하는 악은 항상 인간에 대한, 인간에 의한 문제이므로 악의 문제는 인간을 위한 문제로서 해결 주체 역시 오로지 인간 이외에는 없다. | 인간은 역사에 대한 종말론적 의식하에 악의 신비의 역사적 구조 즉 역사의 불법의 비밀을 투철하게 인식하고 역사 속에서 투쟁하는 실천을 수행한다. |
| 혁명론적 접근 | 유럽의 세계혁명은 세상의 불의한 현실을 개혁하고 인류의 보편적 가치를 수립하는 동시에 유럽 사회를 전쟁과 공포와 폭력으로 내몰았다. | 유럽의 세계혁명 1,000년사는 유럽 민족들의 화해와 통합을 촉구하는 하나님의 묵시로서 보편사적으로 온 인류가 하나임을 확철대오한다. |

| 접근 | 진단 | 처방 |
|---|---|---|
| 정치·경제적 접근 | 차축시대의 정신적 혁명은 화폐와 재산에 근거한 새로운 경제가 가져온 정치경제적 권력 구조 및 그로 인한 현실의 불의에 대한 대응으로 이해된다. | 차축시대의 통찰은 유효하므로 제2의 차축시대의 가능성을 구현함으로써 신자유주의적 자본주의의 정치경제적 구조 지배와는 다른 세계를 만든다. |
| 정신분석적 접근 | 어떤 사회도 인간이 죽음을 부정하고 자기를 영속화하는 불멸을 추구하기 마련이고 이는 자기 보호 본능과 실재의 왜곡에 수반하는 악을 낳게 되어 있다. | 사회는 인간이 죽음 부정이라는 근본 동기를 파괴적이 아니라 긍정적으로 충족시킬 수 있는 성숙한 영웅 사회를 구축할 때 악을 최소화할 수 있다. |
| 철학적 접근 | 철학의 뿌리는 현실의 악이며 악의 실재는 인간이 철학하는 근본 이유로서 근대에서 현대에 이르기까지 악은 더는 신정론적으로 설명될 수 없다. | 도덕적 질서의 확실성과 삶의 의미가 없어진 세상이 되었다고 해도 악의 심판은 세계에서 합리성의 질서가 발견, 발명, 구성되는 데서 가능하다. |
| 신학적 접근 | 인간 폭력성의 뿌리는 하나님의 뜻에 대한 아담과 이브의 불복종으로 인류가 태어날 때부터 가지는 치유할 수 없는 치명적 성향에서 성립한다. | 악은 인간 마음의 부패를 뜻하고 이는 인간과 신의 화해에서 치유되며 곧 하나님과의 관계를 회복하게 하는 예수를 통한 신과의 지속적 사귐이 답이다. |
| 영적 접근 | 악에 대한 이해와 해법은 의식 수준에 따라 달라지고 악은 의식의 진화 중에도 피할 수 없고 최종 단계에 이르지 않는 한 악은 없어질 수 없다. | 진화하는 의식은 진화 단계의 개개 수준에 머물거나 집착하는 것을 피하고 정진과 수련을 통해서 악이 사라지는 자아초월적 궁극 수준을 지향한다. |

# 3. 몇 가지 논평

이상에서 논의한 내용에 대해서 논평의 이름으로 몇 가지 소견을 남기자면 이렇다.

(1) **과학적 접근**: 우선 시선을 끄는 것은 이타적 황금률이 진화론적 관점에서 과학적으로 관찰되는 사실이라는 점이다. 이것이 일종의 도덕적 진화의 결과라는 것은 놀라운 관찰이다. 이는 도덕성이 과학의 발견과 과학적 지식의 진보에 의해 정당화되는 경우라고 볼 수 있다. 확실히, 차축시대에 발견되고 발전된 자비의 윤리는 현재 시대에도 거부될 수 없다는 것은 사실이다. 그리고 이 자비의 윤리는 지금도 세계적으로 지역적으로 진화하고 있고 발전하는 중이다.

(2) **법적 접근**: 법은 악행을 처벌하고 선을 장려하기 위한 것이

지만 그것이 황금률이라는 정신적, 도덕적 의무에 소홀할 때 인류에게 재앙을 가져다줄 수 있다. 특히 우리는 전체주의 사회나 민주 사회에서 법의 그러한 면모가 최고 권력자나 독재자의 비상주권으로 난자되는 것을 많이 보아 왔다. 악에 대한 법적 접근이 우리에게 주는 가르침은 법의 정의가 왜곡되지 않게 법치주의를 제어하는 황금률의 사회화와 민주화가 지배적 영향력을 가져야 한다는 것이다.

(3) **사회-문화적 접근**: 현대의 사회-문화적 차원에서 삶의 의미는 일반적으로 주관적 감성의 문제로 처리되고 있지만, 그것이 도리어 현대인에게 의미의 위기를 초래했다. 그러므로 현대 사회는 삶의 의미 문제에 대한 보편적 해답까지는 가지 못할지라도 그저 개인의 선택적 가치의 문제로 팽개쳐 둘 문제만은 아니다. 삶의 의미를 특정하는 문제는 다원적일 수밖에 없어도 사회와 문화의 정신 건강과 성숙한 발전을 지향하는 통합적 접근이 필요하다.

사람은 무엇을 위해 존재하는가? 왜 우리는 여기에 있는가? 인간의 목적이나 목표는 무엇인가에 대해 사회가 공통적으로 추구해도 좋을 바람직한 삶의 의미나 가치에 깊은 관심을 가지고 형이상학적으로 성찰하는 일이 요구된다. 사회가 구성원들에게 삶의 의미의 위기를 겪도록 내버려두기 보다는 폭력과 전쟁을 배척하는 건전한 삶의 의미와 질서를 추구하는 과정에서 테러와 같은 극단적 행위는 피해갈 수 있다.

미국이 9·11 테러에 대한 대응으로 아프가니스탄을 침공하고 빈 라덴을 사살했지만, 그렇다고 해서 20년 전보다 테러의 위협과 위험이 줄어들었는지에 관해서는 부정적 평가가 우세하다. 테러에 대한 물리적이고 즉물적인 군사 보복과 응징보다는 형이상학적 깊이를 담은 분석과 치유책이 더디지만 인류 문명의 발전을 위해 옳은 길이다. 이런 방향의 프로젝트에다 미국이 테러와의 전쟁에 20년 동안 쏟아부은 9,000조 원248)을 사용했더라면 결과는 어땠을까 싶다.

(4) **역사적 접근**: 아감벤의 권고는 악의 문제는 오로지 인간의 문제일 뿐이라는 것을 강력하게 호소하고 있다. 그는 악의 이해와 제거는 오로지 역사 안에서 일어나는 일일 뿐 달리는 절대 아니라는 점을 확실히 한다. 역사의 신비의 숨은 구조를 밝히는 그의 논변은 간결하지만 깊은 감동을 준다. 그의 해명을 듣고 난 후에 그에게 반기를 들기란 어렵다. 악에 대한 인간의 책임과 저항

---

248) 우리나라 2021년도 국가 예산이 약 600조 원이고, 2022년도는 607조 원을 넘는다.

을 정초하는 그의 논리는 논리라는 것이 아름답기까지 하다는 느낌을 불러일으킨다. 악의 실체가 무엇인지 알려주는 그의 논고는 보통 혜안은 아니다.

(5) **혁명론적 접근**: 로젠스톡–휘시의 유럽세계혁명에 대한 이해는 성경의 거대 서사에 따른 역사관을 보여준다. 이것은 로젠스톡–휘시가 하나님의 자리에서 역사의 의미와 목표를 찾아내고자 목적론적 시각에서 세속의 역사를 영적 조명하에 해석한 것이다. 따라서 그의 믿음의 눈, 영적 조명에 동의하지 않는 사람은 이해하기가 거의 불가능할 것이다. 하지만 신앙의 눈으로 볼 때 그러한 해석에 동의할 수 있는 여지가 있다. 계몽주의적 합리성의 입장에서는 도저히 납득할 수 없는 것이지만 하나님과의 교제가 열린 사람에게는 가능한 이야기이다. 물론 영적 실재와 공간에 대한 인식은 다양하므로 세계사 해석의 다양성만큼이나 그의 그러한 인식이 얼마나 객관적 설득력과 타당성을 가지고 있는가 하는 문제는 심각하게 곱씹고 톺아보아야 한다. 그의 해석은 매우 창의적이기는 하나 개인의 주관적 확신이나 영적 판단에 그칠 공산이 작지 않다.

그러나 1,000년 동안의 유럽인의 삶을 구원사적 시각에서 하나님의 묵시로 읽어내는 것이 단순한 상상적 사변으로만 치부할 수 없다. 그러한 세계혁명의 피비린내 나는 역사적 여정을 유럽민족의 하나됨, 나아가서 온 인류의 하나됨을 자각하게 하려는 하나님의 목적으로 읽은 것은 아무나 할 수 있는 일은 아니다. 그러니만큼 그러한 독해는 진실로 인류에게 폭력과 전쟁의 잔혹한 대가가 무엇인지를 일깨움으로써 진실로 하나님의 대의를 받들기를 바라는 하나의 목적을 역사 속에서 확인하는 작업이다. 유럽인간이 경험한 역사적 재앙은 인간 삶 속에서 행하는 하나님의 목적을 고지하려는 일종의 고육지책으로 볼 수도 있다. 그러나 이 고육지책은 그 규모가 어마어마하다. 인간에게 1,000년은 하나님에게 1일이니 말이다.249)

기독교적 역사해석의 눈으로 볼 때 유럽 1,000년간의 역사적 재앙은 인류에 대한 하나님의 훈육이라는 측면에서 지각될 수 있다. 유럽민족의 역사적 경험은 인간과 하나님 사이의 관계를 깊이 있게 이해하는 방식에서 해석될 수 있다. 우리가 유럽민족이 경험한 이 역사적 재앙을 하나님의 의도와 목적에서 효과적으로 인식할 수 있다면 인간 삶의 악조건과 세계의 실제적 악을 개선하는 데 이바지할 수 있다. 이것이 진실이라면 이것보다 더 처절한 교화는 없을 것이다. 그것은 세 번째 밀레니엄 시대에는 절대로

---

249) 베드로후서 3:8. "주님께는 하루가 천 년 같고 천 년이 하루 같습니다."

전쟁과 폭력은 있어서는 안 된다는, 전 인류를 향한 신의 단호한 도덕 명령이다. 성경의 사사기에서 이스라엘 민족이 신의 뜻을 지키지 않음으로써 전쟁, 살인, 폭력 등을 통한 종족 멸절베냐민 족속이라는 동족상잔의 비극을 보여주었듯이 인간은 유럽 1,000년간의 혁명과정의 피흘림을 보았음에도 변함없이 전쟁과 폭력과 테러를 자행하고 있다. 인간은 그토록 악하디악한 모습을 보여주는 완악하고 어리석은 존재이다. 결국, 그 교화는 인간에게 역사 속에서 신의 의지를 구체화할 수단을 찾아내고 실천하라고 명령하는 것으로 귀착한다.

(6) **정치-경제적 접근**: 차축시대는 일반적으로 정신적 진화, 문화적 혁명으로 이해되어 왔고 정치-경제적 접근은 소수 의견으로 간주되었다. 울리히 두크로와 힌켈라메르트의 관점은 그 시대의 경제적 상황과 그 영향을 기반으로 해서 차축시대의 세계종교와 철학의 탄생을 설명한다는 점에서 우리에게 새로운 반성을 요구한다. 그들의 관점은 차축시대의 세계종교와 철학이 상부구조로서 하부구조와의 연관성을 전혀 고려하지 않았던 오랜 일반적 가정에 도전하는 것이다.

이러한 도전을 수용할 때 누구라도 한 번쯤 정말로 차축시대 문명의 발명자들이 그 당시의 경제적 상황에 대해 심각하고도 철저

한 문제의식을 진심으로 가졌는지를 되묻게 된다. 추단하건대, 폭력의 시대가 수백 년간 지속된 것은 정치-경제적 요인이 주된 것이었다는 점은 부인될 수 없을 것이다. 우리는 이스라엘의 예언자들, 고대인도 불교의 고통과 해탈의 영성, 고대중국의 군자, 고대그리스의 자연철학자, 소크라테스, 플라톤, 아리스토텔레스가 제시한 철학 사상을 그러한 현실 상황에 대한 반영과 대응으로서 이해할 수 있다.

사실을 말하면, 그 당시는 세계적 폭력과 전쟁의 시대였고 따라서 그 정도가 심하면 심할수록 평화의 갈망도 깊었을 것이다. 그러나 폭력의 시대에 폭력을 따르지 않고 비폭력의 문화를 주창하는 것은 광야의 외침소리였을 것이다. 이 광야의 목소리는 현대 문명에서도 여전하다. 전쟁이냐 평화냐, 죽임이냐 살림이냐는 딜레마는 오늘날에도 유효하다. 죽이는 문명이 된 근대·현대 문화를 비판하고 새로운 미래 문명이 될 생명 문화를 창조하는 과제는 온 인류의 화두가 되었다.

현대 사회의 구조적 사회악과 싸우고 대안적인 정치경제 구조를 만들어내며 생명과 정의와 평화를 최우선 실천 과제로 여기는 사람들에게는 차축시대의 문명을 정치-경제적 접근을 통해서 이해함으로써 오늘날의 종교와 철학에 필요한 갱신과 비전과 전략

3. 몇 가지 논평 • 173

을 얻을 수 있을지 모른다.

(7) **정신분석적 접근**: 베커는 프로이트와는 또 다른 인간의 무의식적 구조를 파헤친다. 죽음 부정이라는 근본 동기가 인간의 삶과 행동을 속속들이 규정한다는 신념은 인간의 악의 기원을 성경이 들려주는 악의 기원과는 정반대로 설명하는 번뜩이는 섬광과도 같은 통찰이다. 설명의 단순성과 투명성에 비추어 보면 베커의 설명은 성경의 주장보다 훨씬 설득력이 있다. 굳이 신의 존재를 빌리지 않고도 악의 발생이 설명되기 때문이다.

베커의 악에 대한 설명은 인간의 피조물성, 인간의 유한성의 구조적 본질이라고 주장하는 것과 같다. 따라서 악의 완전한 제거는 인간이 인간이기를 그치는 것을 의미한다. 인간임을 포기하지 않고서는 악의 제거는 불가능하다는 말이다. 악은 인간의 끝날까지 너희와 함께할 것이라는 패러디가 만들어진다. 그런데 죽음 부정이라는 인간의 무의식적 구조는 인간의 불변하는 본성, 즉 변할 수 없는 것이라고 전제하고 있다. 따라서 그러한 무의식적 구조 또는 충동이 근본적으로 정복될 수 있거나 소멸될 수 있다면 베커의 악의 정신분석은 토대에서 무너질 수 있다. 그러나 어쨌든 악은 인간에게 그야말로 시지프스의 형벌노동과도 같은 것이다. 인간은 악을 가슴 속에 품고 살아가야 하는 운명을 지닌 존재이다.

그렇다면 시지프스처럼 악의 노동을 기쁘게 받아들임으로써 사는 삶, 악과 함께 사는 삶은 악에 대한 최고의 복수이다. 악과의 "투쟁 자체는 인간의 가슴을 채우기에 충분하다. 사람들은 시지프스가 행복하다고 상상해야 한다."[250] 이것이 악과 함께 하는 삶이 행복한 삶일 수 있는 비결이다. 이것이 베커의 죽음 인식이 나에게 일깨워 주는 역설이다. 물론 악을 기쁘게 받아들이는 삶, 악과 함께 하는 삶은 악을 범하는 삶을 뜻하는 것이 아니라 악에 대해 넉넉한 마음 자세로 감당해 즐겁게 싸운다는 뜻이다. 그러기에 오늘 하루도 나는 악과 함께 악을 향해 행복하게 당당하게 나선다. 여환자비의 실천 노력으로 사사무애의 법계를 향하여.

여기에다가, 이보다 더한 영웅 사회의 구축이라는 강력한 제안을 베커는 내놓는다. 영웅 사회는 베커가 인간의 악에 좀 더 수월하게 대응하고 처리할 수 있는 사회를 만들어 가야 한다는 제안으로 내놓은 것이다. 그것은 죽음을 부정하는 충동이나 욕구를 건강하고 성숙하게 충족할 수 있는 영웅적 행위를 권장하는 사회를 말한다. 이러한 제의는 죽음 부정이 파괴적인 결과를 가져

---

250) 줄리언 영, 『신의 죽음과 삶의 의미』, 류의근 옮김 (필로소픽, 2021), 336쪽.

오는 것을 가능한 한 제지하기 위한 방책이다. 애석하게도, 베커는 이러한 종류의 사회가 어떤 형태의 사회인지를 더는 규명하지 못하고 암과 투병하다가 세상을 떠났다. 이상적 영웅 사회의 자격과 조건을 밝히는 과제는 베커가 우리에게 남기고 간 미제이지만, 영웅 사회의 모형 개발이 인간의 고통과 현대의 악을 피하고 예방할 수 있는 데 이바지했을 것이 분명하다. 그러한 사회에서라면 악과 함께 살아가야 하는 인간은 좀 더 억압이 덜한 삶을 살 수 있었을 것이고 악을 무서워하거나 움츠리지 않고 좀 더 명랑한 영웅적 행위로 대처할 수 있었을 것이다.

그러나 베커의 죽음 부정론이나 영웅 사회 구축론은 인간의 무의식적 구조를 지배하는 죽음 부정의 충동을 통제하거나 정복할 수 있는 길이 있다면 한계에 부딪히고 난관에 봉착한다. 이를테면 요가 수행 기법을 통한 정신푸루샤의 앎 같은 종교적 통제나 구원 앞에서 죽음 부정의 무의식적 구조는 정복될 수 있다. 요기는 요가를 통해서 이러한 의식 상태에 도달하는 것을 목표로 삼는다. 여기서 죽음 부정의 무의식 고유의 역동 구조는 극복된다. 또한 요기는 이를 실제로 성취한다. 여기서 영웅 사회는 필요 없다. 요가 수행자는 죽음 부정의 충동을 받지만, 그것을 통제하고 정복하고 극복하려는 사람이다. 이것이 정신분석과 요가철학의 근본적 차이이다.

(8) **철학적 접근**: 10가지의 접근 중 나의 마음이 가장 끌리는 접근은 수잔 니이만의 것이다. 그녀의 접근은 이상한 호소력이 있다. 아마도 철학적 감성을 자극하기 때문인 것 같다. 그것은 그녀의 논변 속에서 합리성에 대한 순애보를 느껴서인지도 모르겠다. 그것은 합리성의 힘을 순심으로 신뢰하는 그녀의 순정성에서 오는 것 같다. 그녀의 권고는 진정성을 가지고 있고 건강하다는 것을 보여준다. 현재 인류의 일반적 의식 수준에서 현실적으로 내리는 판단이고 다수가 동의할 수 있는 건전하고 힘차며 용기를 주는 제안이다. 악과의 싸움에서 가장 많은 수의 사람들이 동참할 수 있는 유인력을 가지고 있다.

(9) **신학적 접근**: 벨린저의 신학적 접근은 로젠스톡–휘시의 유럽혁명의 역사 이해에서 보이는 인간 존재의 부패하고 타락한 마음을 예수 그리스도를 통한 하나님과의 관계 회복과 평화의 향유로 극복할 수 있다는 신념을 보여준다. 예수 그리스도를 통한 신앙의 힘으로 인류 역사의 전쟁과 폭력과 살인을 극복할 수 있다는 신념은 어찌 보면 소박하고 순진하기 이를 데 없지만 달리 보면 예수의 십자가 죽음이 인류에게 미친 긍정적 효과를 되새겨 볼 때 어리숙한 생각만은 아니다.

예수의 십자가 죽음은 인류의 죄 됨과 악한 본성에 의한 것이었지만, 그 사건은 그 죄를 용서하고 증오와 원한을 금하며 자기 사랑과 세상 사랑이 아니라 주님 사랑과 이웃 사랑으로 원수를 미워하지 말고 사랑하라는 신법을 인류에게 몸으로 친히 보여준 사건이었다. 이 사건은 2,000년이 지난 지금도 인류에게 영원한 진리의 사표로 새겨져 있고 인류 역사에 나타난 신의 자기 계시였다. "나와 아버지는 하나"[251]라고 선언한 예수는 성육신한 신으로서 십자가에 못 박혀 죽음으로써 이 지상에 사는 인간에게 악이 무엇이고 어떤 일을 하는지, 악을 어떻게 대하고 이기는지를 보여 주었다. 그는 지상에 하강한 이스라엘의 신으로서 신이 지상에서 어떻게 살다가 갔는지를 신을 믿었던 유대 민족에게 생생하게 보여 주고 갔다. 그의 십자가 죽음은 세상 악의 도전과 응전에 대한 이정표였다. 그의 희생은 신이 이 땅에 왕림해서 인류에게 베푼 보시요 화신이며 선물이었다. 그것은 율법의 정수인 황금률의 완전한 실천이고 완성이었다.

(10) **영적 접근**: 윌버의 접근은 모처럼 접하는 거대 담론이다. 그리고 그것은 세계를 바라보는 전일적·통합적·전체론적 시각을 제공한다. 이 점 때문에 그는 동양 영성의 헤겔로 불린다. 그

---

251) 요한복음 10:11.

의 영적 체계는 정말로 전일적 사고 체계로서 모든 것의 역사, 모든 것의 이론이라고 자칭할 만하다. 그동안 거대 담론 체계는 포스트모더니즘의 영향으로 환영받지 못하는 분위기에 침체 상태에 놓여 있었는데, 윌버의 전일적·통합적 세계관으로 출구가 제공되었다고 평가할 수 있다.

윌버는 우리에게 과거의 거대 서사적 의미 체계와 같은 류가 현대 사회에도 가능하다는 것을 입증했다. 영의 진리에 대한 그의 열정적인 탐사는 동양과 서양의 지성과 영성을 통합적으로 이론화하는 성과를 내었다. 그는 우리에게 세계를 바라보는 방식에 새로운 전기를 마련하고 돌파구를 뚫었다. 윌버 덕분으로 거대 담론 체계의 부재로 답답해하던 현대 지성계의 갈증이 해소되었다. 윌버의 의식 진화 이론은 인류 역사가 어디로 가야 할지 방향을 잡아주는 구실을 한다.

그러나 윌버의 의식의 스펙트럼에 따라 악과 싸울 때 실제 생활에서 의식 수준별 또는 의식 단계별 전략 전술을 어떻게 짜야 할지는 구체적으로 실증적으로 명료화되어야 한다. 무엇보다도 신비가의 의식과 평균인의 의식의 차이를 메우는 일이 간단치 않고 지난하기 때문이다. 윌버의 영적 자아 이론을 속세에서 악의 실제에 적용할 때 그의 이론의 실용적·실천적 가치와 효용을 입중하려면 이 난제에 얽힌 제반 문제를 우선 고려할 필요가 있다.

이 문제는 신비가들이 직면하는 딜레마이다. 이것은 신비주의 (자)와 윤리의 관계 문제라고 볼 수 있다. 신비적 합일을 경험한 그들도 현실에 발 딛고 살아가기 때문에 성현이나 각자라고 할지라도 현실 세계를 소중히 생각하는 일반인의 이상과 실제의 사회적 갈등은 피할 수 없고 이를 방관할 수 없기에 그 갈등을 해결하기 위해서 도덕적으로 의사결정을 내리지 않을 수 없다. 사회적 충돌에 관한 현실적 해법을 제시하기 위해 신비가들이 어떻게 의사결정을 수행하는가 하는 문제는 매우 흥미로운 문제가 아닐 수 없다. 우리는 이 문제를 논의하는 연구영역을 일컬어, 일반인의 도덕적 의사결정론과 구분되게 신비가의 도덕적 의사결정론이라고 칭하고자 한다.

이 문제는 죽음 부정의 영웅적 행위에 악이 수반한다는 베커의 인간 실존의 비극적 딜레마와도 관계하고 불교에서 개인의 근기에 따라 불법을 전하는 방식과 수준이 달라진다고 하는 선의 깨달음의 전수 방법과도 관계한다. 의식의 궁극적 수준을 어떻게 의식의 단계와 수준이 서로 복잡하게 뒤엉켜 있는 실제 생활에 적용하고 실천할 것인가 하는 문제는 인류의 오랜 고민이었다. 이 문제에 대한 윌버의 통합적 접근 방식이 성공적이라면 인류의 미래는 아주 밝을 것이다. 궁극적 의식의 영적 직관이나 최고 지혜를 이해와 갈등이 첨예한 세상사에 직접 옮길 수 있는 방법과 원리가 있는지는 조급하게 결정할 사안이 아니고 유관 연구들을 더 지켜봐야 할 것이다. 예컨대 9·11 테러에 대해 세계가 택하기를 바라는 윌버의 의식 진화론적 해법, 인간의 악에 대한 극복 방법으로 제시한 성장 모델이 현실적 타당성과 적합성과 실효성을 가지는지는 더 많은 검증이 필요할 것이다.252) 차라리 세계 여러 나라에서 사안에 따라 탄력적으로 운영하는 사회적 대타협의 민주적 의사결정 방식이 더 나을 수 있다는 생각도 든다.

득도한 신비가들이 많아진다고 해서 세상이 더 좋아지리라고 쉽게 장담할 수 없다. 현실 세계는 본디 그들의 관심사가 아니다. 모든 사람이 신비가는 아니다. 그렇지만 신비가는 현실 세계를 중요히 여기는 일반인을 위한 현실적 대안을 제시하지 않을 수 없는 위치에 놓인다. 그렇지 않으면 신비가의 지위는 현실 세계를

---

252) 이러한 문제의식은 달라이 라마가 티베트의 현실 정치에 대해 입장을 표명하는 정치적 발언에도 적용될 수 있다. 달라이 라마는 티베트 불교 내부의 종파 갈등에서 빚어진 도르제 슉덴 숭배에 대한 반대 입장, 티베트 독립에 관한 전략 변화를 보여주는 입장을 공개적으로 발표한 바 있는데, 이 두 가지 제안이 궁극 의식의 수준에서 현실 정치에서 가장 실제적이고 바람직한 선택이라는 것을 어떻게 판단할 것이며 또 누가 판단할지 즉 판단 주체가 누구인지 하는 문제가 제기된다.

사는 사람들에게 큰 효용성이 없을 것이다. 이러한 문제의식은 늘 신비가들에게 제기되는 질문이다. 만일 신비가들이 이러한 이의를 수월하게 다루어 넘길 수 있는 적용 가능성과 실제적 효과를 입증할 수 없다면 신비적 가치와 행동은 현실 세계의 갈등을 해결하는 데 별로 환영받지 못할 것이며 굳이 지극하게 헌신할 필요가 없을지도 모른다.

마지막 소견으로, 10가지의 접근을 소개하면서 나의 눈에 들어온 것은 악과의 싸움에서 황금률253) 이상 가는 도덕적 준칙은 없다는 점이다. 차축시대의 현자들은 폭력과 전쟁으로 찢긴 끔찍한 상황에서 자비의 윤리를 발전시켰다. 그들은 일관되게 황금률로 돌아갔다. 여태까지 황금률을 능가하는 도덕률은 발견되지 않았다. 황금률은 어디에든지 존재하는 근본적인 도덕적 원칙이다. 인류 진화의 끝이 어디이고 목적이 무언지는 모르지만, 악과의 투쟁의 역사는 황금률의 가능태에서 현실태로 이행하는 운동과 변화 과정이라고 생각해 본다. 인류 역사의 텔로스는 황금률의 완전한 실현이다.

---

253) 황금률은 두 가지 방식으로 표현된다. 하나는 소극적 표현 방식으로 "내가 원하지 않는 것을 남에게 하지 말라", "남에게 대접받고자 하는 대로 남을 대접하라"이고 다른 하나는 적극적 표현 방식으로 "네 이웃을 네 몸과 같이 사랑하라"이다.

그러나 우리는 현실적으로 고민하지 않을 수 없다. 즉 우리는 예수를 본받아야 할 이데아로 여기지만 예수가 아니기에 번민에 빠진다. 오로지 오롯이 이웃 사랑만 하는 곳이 있다면 그곳은 현실 세계는 아닐 것이다. 그곳은 천국이다. 천국과 지옥의 중간계에 사는 인간은 이 땅의 선악을 피할 수 없으므로 황금률은 인간에게 물질적 구현을 필요로 한다. 천국에서라면 물질의 필요는 부재하겠지만 지상의 삶이기에 물질적 필요는 충족되어야 한다. 다시 말해서 이웃 사랑은 정치-경제적 필요를 채워주어야 한다. 바꾸어 말하면 천국은 지상에서 유물론적으로 구현될 수밖에 없다는 뜻이다. 따라서 지상의 악을 제거하기 위해 정치-경제적 접근은 피할 길이 없다. 정치-경제적 필요가 충족된다고 해서 천국이 실현되는 것은 아니겠지만 필요조건임은 분명하다. 인간은 이웃 사랑만으로 살아갈 수 없으므로 이웃 사랑은 물질적으로 실천하는 방식을 통해 이루어지지 않으면 더 많은 이웃 사랑은 불가능해진다. 사람은 빵만으로 사는 것은 아니지만, 그렇다고 말씀만으로 살아가는 것은 아니다. 예수의 한계는 바로 여기에 있을 것이다.

이러한 한계를 인식하고 극복하고자 한 많은 경제학자들이 있어 왔다. 최근에 내가 접한 경제사가는 마이클 허드슨이다. 이 저자의 책들은 반드시 국내에 번역되어야 한다. 누군가가 나서서 한물간 신자유주의적 경제의식과 질서를 살해하지 못하는 한국 사회를 긍휼히 여겨주기를 진심으로 기도한다. 특히 저자의 『그들의 빚을 사하여 주시옵고:대출, 압류, 상환—청동기시대 금융에서 희년까지』254)는 고대 근동 사회의 부채 문제를 다루고 있는데, 이 책은 미국의 국가 부채, 제3세계의 외채를 비롯한 글로벌 총부채 경제 위기에 대한 해결 방안을 제시하고 있다.

이제 종합적으로 내 생각을 굳이 표명한다면, 세상 악과 싸우는 전략 전술의 기본 원칙은 신학적, 영적 토대 위에서 세계와 도덕의 합리성을 견지하는 가운데 정치—경제적 접근을 주축으로 하면서 여타 접근과의 연대를 통해 공동 전선을 형성하는 방식이어야 한다는 것이다.

---

254) Michael Hudson, ... *And Forgive Them Their Debts*: *Lending*, *Foreclosure and Redemption From Bronze Age Finance to the Jubilee Year*(Islet, 2018)

# 4. 악의 응전

  야스퍼스가 말하는 차축시대의 정신적 개화는 그 시대에 난무한 폭력과 전쟁 속에서 물질적 이익을 추구하는 시장 논리에 대한 지식인들의 대항 논리이자 사회 운동임이 밝혀졌다.[255] 플라톤은 이러한 사회 운동의 흐름 속에서 시칠리아 시라쿠사 도시 국가의 전제 군주 디오니시우스 2세에 철학을 가르쳐서 자신의 정치적 이상을 실현하고 싶은 마음이 있었다. 상업적 시장 경제의 성장으로 나타난 아테네의 위기를 빈자, 아내, 자식들이 부잣집의 노예가 되었다고 비판한 아리스토텔레스는 그리스를 정복한 알렉산더 대왕을 가르친 철학자였다. 에픽테토스는 삶의 고통에 도움

---

255) 그레이버, 데이비드, 『부채, 첫 5000년의 역사』, 정명진 옮김 (부글, 2021), 429–30; 438; 447–50쪽.

이 되지 않는 철학자의 말들은 허영이라고 힐난했다.

데카르트가 철학을 한 기간은 유럽의 30년 전쟁1618-1648과 중
복된다. 그의 철학은 가톨릭과 프로테스탄트 간의 전쟁이 30년
간 끊이지를 않는 사회적 역사적 상황에서 성장했다. 그는 30년
종교전쟁을 몸소 체험했고 그의 철학 사상과 방법은 그로부터 영
향을 받았다. 그의 『방법서설』과 『성찰』은 종교 내전의 유혈 투쟁
이라는 역사적 불행과 재앙과 폭압과 공포에서 형성되었다. 그의
확실성의 추구는 "30년 전쟁의 와중에서 노출된 정치적 사회적
이론적 혼란에 대처하기 위한 응전이었다."[256] 칸트는 유럽 열강
전체가 참여한 7년 전쟁을 경험한 후에 철학적 저술이 나오기 시
작했고 중세 세계관의 붕괴, 지동설의 승리, 기독교 개혁의 요구,
새로운 사회의 미래 비전과 같은 시대정신에 대해 철학적으로 대
응한 개혁적 보수주의자였다. 쇼펜하우어는 나폴레옹이 워털루
전투에서 패배한 후에 『의지와 표상으로서의 세계』를 출간했다.
니체는 보불전쟁프로이센-프랑스전쟁으로 인하여 더는 문헌학을 연

---

256) 스티븐 툴민, 『코스모폴리스』, 이종흡 옮김 (경남대학교 출판부,
    1997), 119쪽. 데카르트의 철학을 당시의 역사적 맥락에서 날카롭게
    통찰하고 비판적으로 분석하는 자세한 내용에 대해서는 다음을 참조.
    툴민, 『코스모폴리스』, 제2장 르네상스에 대한 17세기의 반응, 81-
    147쪽.

구하지 않았다.257) 그는 보불전쟁에 참전했고 그 후 울부짖는 철학자로 거듭난다.

베커는 악의 문제를 집중적으로 연구한 동기가 악에 무관심한 세태에 대해 세상에 악이 있다는 것을 보여주고 싶었던 것이라고 말한다. 니이만은 분석철학 일색의 철학 교육을 받으면 받을수록 철학은 삶의 고통의 문제라는 생각을 떨칠 수 없었다고 말하며 세계의 고통이 철학의 뿌리라는 것을 확신했다. 윌버는 초월적 영성에 과몰입한 동서양의 영원 철학에 대한 진귀한 사상가이지만 세계의 고통과 악에 대해 발전하는 영, 진화하는 영을 믿는 입장에서 세속적 철학의 해결방안이 간과하고 있는 것을 공유하고 싶어 했다.

하이데거는 1차 세계 대전 패전의 국가적인 굴욕과 트라우마 상황에 놓인 상태에서 철학을 했고 연합국과 싸운 베르덩·솜·마른 전투에서 패한 세대에 속했다. 그 뒤 시간은 적지 않게 경과했지만, 그의 프라이부르크 대학 총장 취임은 그 당시의 복잡하고 혼란스러운 독일 정국과 사회 상황에 대한 심각한 철학적 개입이요 사회적 실천이며 정치적 행동이었다. 비록 플라톤의 시라쿠

---

257) Stanford Encyclopedia of Philosophy (internet), "Eugen Rosen-stock-Huessy," §2. Life and Work 참조.

4. 악의 응전 • 187

사 방문 결과처럼 실패로 끝났지만, 그의 나치즘 개입은 사회 역사적 상황에 대한 철학적 실천임이 분명하다. 하이데거는 철학적 실천을 통해서 최고권력(자)과 철학(자) 관계의 일단을 보여준다.

쥐르데이흐는 철학은 세계 현실의 혼돈과 부패와 무질서의 위협에 대항하는 울부짖음에서 태어난다고 말한다. 쥐르데이흐는 서구의 전통적 세계관·실증주의 세계관·실존주의 세계관·마르크스 세계관은 모두 혼돈 앞에서 선 인간의 은폐된 바람을 감추고 있는 울부짖음에서 잉태되었다고 확신한다.258) 철학의 근원은 차갑고 추상적인 사유가 아니라 삶과 삶의 의미에 관한 깊고 열정적인 울부짖음이다.259) 인간은 울부짖음을 통하여 더욱 참된 자아가 될 수 있기 때문이다. 그는 이들 세계관적 철학은 인간이 인간이 되기 위한 인간화의 모습이요 형상이라고 주장한다. 플라톤·아리스토텔레스·아우구스티누스의 영원 존재 자체를 향한 울부짖음, 러셀·에이어의 언어 분석을 통한 울부짖음, 키르케고

---

258) 빌렘 F. 쥐르데이흐, 『혼돈 앞에 선 인간, 철학을 잉태하다』, 김장생 옮김 (시대와 창, 2015). 쥐르데이흐는 철학적 세계관 이외에 성경적 세계관도 포함시킨다. 사실, 성경의 마지막 책 요한계시록을 끝맺는 말 "마라나타" 즉 "주 예수여 오소서"라는 외마디 말보다 단 한마디로 고대 이스라엘 민족이 겪은 수천 년간의 고통과 혼돈과 무질서와 절규를 형언할 수 있는 말은 없을 것이다.

259) 쥐르데이흐, 같은 책, 23쪽.

르·사르트르의 실존적 울부짖음, 마르크스의 사회 비판적 울부짖음은 모두 당대의 시대적, 실존적 상황에 대한 울부짖음으로서, 실재의 참된 구조와 질서를 찾고 확보하고자 한 절규였다. 그것이 그들 각자에게 무엇이었던지 간에 말이다.

하이데거는 독일 시사주간지 『슈피겔』과의 인터뷰1966년에서 철학은 기술 시대에서 세계 상황에 어떠한 직접적 변화도 일으킬 수 없다고 말했지만, 철학의 강력한 평가 능력을 포기할 수는 없는 노릇이다. 비록 현실에 대한 처방과 해법에 대해서 철학은 사회과학 뒷전으로 밀려났는지 모르지만, 철학의 사회적 개입과 참여와 공적 책임을 도외시할 수 없다. 현재, 철학의 사명과 임무는 사회적으로 많이 제한되어 있거나 위축된 것으로 관측된다. 철학 진영의 세력이 사회 여론을 형성하고 주도하는 공공의 힘과 지도력을 되찾기를 강력히 호소한다. 철학의 사회적 자율성과 비판능력이 약화하는 현 상황에서 악의 주제를 다시 소생시키고 악과의 대결과 응전을 재소환함으로써 철학계가 철학의 주권을 회복하는 기회로 삼고 삶의 고통과 세계의 악에 대한 합리적 객관적 분석과 도덕적 행동에 개입하기를 요청한다.

진실로 돈을 좇아가는 개인 연구보다 철학계의 구심력을 활성화하고 철학의 사회적 주체성과 투쟁력을 위해 싸우는 야성적인 철학 파르티잔의 출현이 절실하다.260) 철학은 사회의 생존과 체제 전복 그리고 새로운 체제의 수립을 위한 에너지를 거대하게 전환하는 사회적 재앙과 부딪치고 싸우는 학습이고 고통과 트라우마에 의해 우리에게 새겨지는 진리이기 때문이다.261)

---

260) 베르나르-앙리 레비가 그 한 예일 수 있다. 철학을 통해 현실에 적극적으로 참여하고 행동으로 실천하는 유형의 철학자이다.

261) Stanford Encyclopedia of Philosophy (internet), "Eugen Rosen-stock-Huessy," §2. Life and Work 참조.

# 에필로그

악의 도전에 대한 인간의 응전은 참으로 다양하다. 영웅인 인간은 천의 얼굴을 가진 만큼이나 악 역시도 수많은 가면을 쓰고 현상한다. 악의 실제에 대한 진단과 처방이 어느 하나의 접근 모형으로 해결될 수 없다는 것만은 확실하다. 그렇다고 해도 이 책에서 소개한 열 가지 다양한 악의 패러다임은 저마다 일리가 있고 배울 바가 있다. 그와 동시에 개개의 접근은 취약점과 이점을 가지고 있을 것이다. 관점을 초월하는 우주적 조망은 불가능한 것이기에 서로 학제적으로 협력하고 통전적인 융합적 노력을 꾀하는 것이 요구된다. 어느 하나의 접근과 이론은 단방약으로서는 가치와 효력이 있겠지만 만병통치약일 수 없다. 사실 만병통치약이 있을 리도 만무하다. 또한, 비방약도 있을 수 없다. 진실로 악의 현실에 예민해져서 불의에 걷잡을 수 없는 분노와 저항과 투쟁을 마다하지 않고는 악은 물러서지 않을 것이다. 악의 과학, 악의 법학, 악의 사회학, 악의 문화학, 악의 역사학, 악의 혁명론, 악의 정치학, 악의 경제학, 악의 정신분석학, 악의 철학, 악의 신학, 악의 영성학은 이러한 정의를 위한 인류애적 노력을 격려하고 바라지해 주어야 할 것이다.

미국의 정치철학자 마사 누스바움은 정의에 사랑이 중요하다고 강조했다. 예수는 사랑과 정의를 지혜롭게 잘 버무리고 통합한 사람이다. 그의 사랑은 당시에 하나님의 공의와 정의를 실현하는 영혼이었고 그의 정의는 하나님의 사랑을 힘없는 자들에게 보여주는 육체였다. 사랑은 정의의 영혼이고 정의는 사랑의 육체이다. 정의 없는 사랑은 허영이고 사랑 없는 정의는 맹목이다. 사랑과 정의가 통합을 이루지 못할 때 사랑과 정의는 병든다. 때로는 파괴적이거나 병리학적이거나 변태적이거나 가학적 또는 피학적이 된다. 나는 이것이 정의 실현에서 사랑이 중요한 이유라고 생각한다.

예수의 삶은 간단명료하게 정리될 수 있다. 즉 그의 생애는 하나님의 나라와 정의의 실현에 헌신한 삶이라는 것이다. 그는 로마 제국 치하의 예루살렘에서 두 번째 출애굽 혁명을 시작한 정치지도자이고 하나님 나라를 이 땅에 보여주고 실천하다가 반체제 선동 소요죄로 처형당해 죽었고 죽은 후에도 다시 살아나서 즉 부활해서 자기 제자들을 통해 하나님 나라 운동을 계속했고 또 이어가게 했으며 지상의 모든 민족에게 하나님 나라를 이루어 가라는 유언을 남긴 영의 눈을 가진 사회실천 운동가이다. 그리고 그 경력을 인정받아 하나님의 우편 즉 천상의 권좌에서 지금도 하나님의 나라를 이 땅에서 이루어 가고 있다. 그는 지금, 이 순간에도 영적 실재로서, 체험적 실재로서 우리와 함께 현존하면서 하나님 나라 운동을 계속하고 있다. 예수의 하나님 나라는 신구약을 관통하는 근원 개념이다. 하나님 나라는 성경 서사의 핵심 주제이고 본질 중의 본질이다. 이 성경 서사는 근대 계몽 시대 전부터 세속화의 길을 밟으면서 여러 가지 모양의 근대적 이상 사회론을 낳았다. 단테의 세계 정부론, 토마스 모어의 유토피아, 계몽주의의 휴머니즘 사회, 마르크스의 공산 사회 등.

  그러다가 성경이 말하는 하나님 나라는 마키아벨리의 군주론이 기화가 되어 세속 정치 이론이 주도권을 잡게 됨에 따라 계몽

사상에 밀려 역사의 뒷전으로 물러났다. 악을 논의하는 자리에서 하나님 나라를 언급하는 이유는 하나님 나라가 성경 시대의 세계 제국의 악과 고통에 대해 대응하는 대항 국가의 성격이 있기 때문이다. 하나님은 성경을 통해 이스라엘 민족이 약소국가로서 제국의 악을 경험한 고통을 극복하는 희망으로서 하나님 나라의 비전을 말한다.

하나님 나라 서사는 성경의 거대 담론이다. 탈근대성의 등장과 더불어 거대 서사, 거대 담론은 폐기되는 지경에 이르렀지만 한 줄기 희망의 빛을 주는 곳이 보존되었는데, 성경에서 면면히 전승되어 온 하나님 나라에 관한 서사가 그것이다. 성경의 하나님 나라 서사는 세계의 악을 심판하고 정의를 실현하는 이념 국가적 기능이 있다. 물론 이 땅에서 불완전하게 이루어지는 이상적 국가이기도 하다. 또한, 그것은 현재의 악한 세상에 반대하고 저항하는 기독교도들에게 미래의 희망이기도 하다.

이스라엘 민족의 출애굽 사건은 정치 혁명적 사건으로서 이집트 제국의 악과 고통으로부터 탈출하는 하나님의 정치적 실천이다. 오래전으로 거슬러 올라가면 하나님은 특별히 아브라함을 불러서, 이스라엘 민족을 영광스러운 민족으로 키우겠다고 약속했고 이는 시간이 흘러갔지만, 출애굽 사건을 통해서 실현되기 시작했다. 이후 이스라엘 민족은 통일 왕국을 이루었다가 아시리아 제국, 바빌로니아 제국, 페르시아 제국, 그리스 제국, 로마 제국의 지배를 차례로 받으면서 제국의 악과 고통을 겪었다. 역사의 반전이 일어나는 시기는 예수의 출생과 십자가 처형 그리고 부활 사건 때였다. 죽은 자가 부활함으로써 세계의 악을 모조리 심판하는 결정타가 가해졌으며 이때부터 역사의 의미와 목적은 하나님의 정의, 하나님 나라가 이 땅에 실현되는 것으로 바뀌었다.

그러나 불행하게도 근대의 시작과 더불어 이 하나님 나라는 근대 세속 사회에 자리를 내주고 말았다. 하나님 나라 대신에 인간이 꿈꾸는 이상 사회, 인간적인 사회를 건설하는 과업이 역사의 대세를 점했다. 하나님과 예수를 믿는 이들이 이 땅에서 추구하는 하나님 나라는 점차로 역사의 주변부에 남게 되었다. 기독교의 이상에 대한 근대의 승리라고 평할 수 있을 것이다. 지금도 기독교도들은 하나님 나라를 말하지만, 현대 세계는 이에 별로 공명하지 않는다. 이성과 합리성이 지배하는 세속 사회에서 기독교 신앙에 대한 호응은 별로 없으며 역사의 행로를 결정하고 방향을

트는 치명적 인자도 세속적 이성이지 기독교 신앙은 아니다. 종교개혁부터 17, 18, 19세기까지 기독교 신앙과 교회는 역사에서 영향력이 없었던 것은 아니었지만262) 수세적이었고 주도적인 공격적 역할은 아니었다. 중세의 신앙과 종교개혁의 신앙은 근대와 현대의 이성에 패배했다는 것이 역사가 내리는 평가가 아닌가 싶다.

문제는 이러한 처지에도 불구하고 세상의 악과 고통이 없는 하나님 나라의 회복과 복권의 시도가 현재의 시점에서 악의 구원을 가능하게 하는 거대 담론으로서의 가치와 역할을 감당할 수 있는지다. 성경 시대의 이스라엘 민족은 그것을 붙들고 매달렸다. 예수 역시도 그러한 소명 의식 아래 자신의 목숨을 내놓기까지 맡겼다. 기독교는 한때 세상을 개혁하고 세계의 악을 제거하고자 한 열정으로 불태운 때가 없었던 것은 아니지만 지금 기독교에 그러한 기대를 할 수 있는가 하는 문제는 해결을 본 문제는 아니다. 혹시나 하는 생각도 하지만 역시나에 가까운 것이 세상의 관측이 아닌가 싶다.

---

262) 윤영휘, 『혁명의 시대와 그리스도교』, 홍성사, 2018.

세계의 악과 싸우게 하려는 선한 의도에서 하나님의 택함을 받은 족속이라는 이름표를 달아주었는데도 기독교도들은 현대의 악에 대한 책임은 없고 사적 영역의 기복과 번영과 내세에 관심을 더 많이 둔다. 기독교도들은 현재의 악한 세상에 대한 투쟁에 거의 주목하지 않는다. 하나님 나라를 구한다는 말은 속세의 악을 제거하는 일에 동참한다는 뜻이다. 이것은 미래의 하나님 나라를 믿는 기독교도들의 공적 책임을 가리킨다. 예수가 이 땅에 온 목적이 세상의 악을 무너뜨리려는 것임을 기억해야 한다.

이러한 하나님 나라의 거대 서사가 현대 사회에서 설득력이 있고 효력을 발휘하려면 현대 사회가 기독교적으로 될 수 있는 일을 해야 한다. 이를 세속 사회의 입장에서 보면 기독교는 근대적 또는 현대적일 수 있는가 하고 되묻는 물음이 된다. 하나님 나라가 현대 사회에서 거대 서사로서 여전히 유효하려면 개인 취향의 종교적 기호품이 아니라 공적 진리로서의 성격을 지닌 것으로 인정받아야 하는데, 이는 하나님 나라의 징표를 세속사 속에서 발굴하고 발견하는 일이고 보편사 속에서 사역하는 성령을 인식하는 일이다. 다시 말하면 하나님 나라 실현을 위한 도구들을 보편적 세속사 속에서 인식하는 일이다. 따라서 하나님 나라를 보편사적

전망에서 읽어내고 인식하는 일에 성공하는 것이 관건이다. 로젠
스톡-휘시가 시도한 것처럼 유럽의 세계혁명사 속에서 하나님의
손길과 섭리를 읽어내야 한다. 그리고 그 독해가 성공적이기까지
하다는 것을 입증해야 한다.

로젠스톡-휘시의 유럽 세계혁명 읽기는 그 당시에 『혁명의 해
부』의 저자인 크레인 브린튼에게 광신적이라는 가혹한 평을 받았
다. 물론 그 평결이 최종 판결은 아니다. 그러나 기독교가 SF영화
에 나오는 어떤 장면처럼 미래의 인공지능 시대에 예수의 재림이
닥쳐왔으니 회개하고 예수를 믿으라고 외치는 광신도의 종교가
되지 말라는 법도 없다. 그런 기독교는 세계의 악에 고통받고 신
음하는 힘없는 자의 종교는 될 수 있지만 힘없는 자를 위한 희망
의 종교는 되지 못할 것이다. 지금도 기독교가 시대의 정신과 변
화에 무지하고 시대적 발전에 뒤처진 케케묵은 종교라는 평판이
없지 않다. 근대와 현대의 합리성 속에서 하나님 나라의 표지를
읽어내지 못하고 세속 사회에의 공적 참여와 연대를 소홀히 하면
기독교는 영영 합리성의 그림자 속에서만 존재하게 될 것이다.

미국의 정치철학자이자 지성사 교수로서 마크 릴라는 기독교

의 정신은 사산된 신앙, 난파된 정신, 분별없는 열정의 위험이 있다고 지적한다. 그는 이러한 위협적 요소로 인해 기독교 신앙이 역사 반동적이 될 수 있다고 보고 있다. 여러 가지 정황으로 보아 기독교 신앙이 유리한 위치에 있는 것으로 보이지는 않는다. 근대와 현대의 합리성은 여전히 기독교 신앙의 걸림돌이다. 오늘날 근현대적 합리성은 만물 척도의 자리를 차지하고 있다. 이러한 상황에서 기독교 신앙이 만물 척도의 자리를 넘보는 것은 불가능한 일이다. 그러나 그 상황은 기독교 서사가 만물 척도의 자리를 탈환하기 위해 넘어야 할 산이다. 이것이 터무니없는 요구라고 보인다면, 최소한으로 말해서, 기독교가 다시 한번 역사 반동적이거나 보수 반동적 거대 서사 신념 체계로 낙인찍히지 않기 위해 거듭 고심해야 할 일이다.

어쨌든 성경의 거대 서사는 보편사의 의미와 목적을 설명할 수 있는 만물의 척도일 수 있기 위해 그런 일을 성공적으로 수행해야 한다. 그러므로 성경의 거대 서사가 현대 사회에서 만물의 척도 후보 자격이 있음을 보여주려면 근대성이나 현대성 그리고 탈근대성과의 대결에서 정당성과 타당성을 가지고 있음을 입증해야 한다. 이 과업에 성공한다면 성경의 하나님 나라 서사는 거대 서사가 사라진 탓에 방향 감각을 잃은 현대 역사에 나침반 역할을 할 수 있을 것이다. 또한, 그 덕분으로 성경 서사는 세계의 악과의 싸움이라는 문명화 과업을 세속적 보편사의 한가운데서 지휘할 수 있는 자격을 복권하고, 앞서 소개한 10가지 접근 모형과의 비교 우위적 거대 담론 패러다임으로 복귀할 수 있으며, 자신의 정치적 역사를 현대 사회에서 정상적으로 재개할 수 있을 것이다.

악인은 한낱 바람에 흩날리는 쭉정이와 같다 시편 1:4

# 참고문헌

그레이버, 데이비드, 『부채, 첫 5000년의 역사』, 정명진 옮김 (부글, 2021).

데겐, 롤프, 『악의 종말』, 박규호 옮김 (현문미디어, 2010).

두크로, 울리히, 프란츠 힌켈라메르트, 『탐욕이냐 상생이냐』, 한성수 옮김 (생태문명연구소, 2018).

라이트, 톰, 『악의 문제와 하나님의 정의』, 노종문 옮김 (IVP, 2008).

레벤슨, 존, 『하나님의 창조와 악의 잔존』, 홍국평 옮김 (새물결플러스, 2019).

류터, 로즈마리, 『가이아와 하느님』, 전현식 옮김 (이화여자대학교 출판부, 2000).

릴라, 마크, 『난파된 정신』, 석기용 옮김 (필로소픽, 2019).

바타이유, 조르주, 『문학과 악』, 최윤정 옮김 (민음사, 1995).

버만, 해롤드, 『법과 혁명 I, II』, 김철 옮김 (한국학술정보, 1983, 2003).

버틀러 주디스, 『비폭력의 힘』, 김정아 옮김 (문학동네, 2021)

베커, 어네스트, 『죽음의 부정』, 김재영 옮김 (인간사랑, 2008).

벨커, 미하엘, 『창조와 현실』, 김재진 옮김 (대한기독교서회, 2020).

복도훈, 『묵시록의 네 기사』(자음과 모음, 2012).

아감벤, 조르조, 『남겨진 시간』, 강승훈 옮김 (코나투스, 2008).

암스트롱, 카렌, 『축의 시대』, 정영목 옮김 (교양인, 2010).

야스퍼스, 칼, 『역사의 기원과 목표』, 백승균 옮김 (이화여대 출판부, 1986).

윌버, 켄, 『모든 것의 목격자』, 김훈 옮김 (김영사, 2016).

_____, 『모든 것의 역사』, 조효남 옮김 (김영사, 2019).

_____, 『모든 것의 이론』, 김명권·민회준 옮김 (학지사, 2015).

_____, 『성, 생태, 영성』, 조옥경·김철수 옮김 (학지사, 2021).

_____, 『아이 오브 스피릿』, 김철수·조옥경 옮김 (학지사, 2015).

_____, 『에덴을 넘어』 조옥경·윤상일 옮김 (한언, 2008).

_____, 『진실 없는 진실의 시대』, 김훈 옮김 (김영사, 2017).

영, 줄리언, 『신의 죽음과 삶의 의미』, 류의근 옮김 (필로소픽, 2021).

윤영휘, 『혁명의 시대와 그리스도교』(홍성사, 2018).

자프란스키, 뤼디거, 『악 또는 자유의 드라마』, 곽정연 옮김 (문예출판사, 2000).

툴민, 스티븐, 『코스모폴리스』, 이종흡 옮김 (경남대학교 출판부, 1997).

김덕수, "법적인 도덕과 도덕적인 법", 『대동철학』 97집, 2021, 15-35쪽.

윤인로, "신정정치로서의 자본주의: 불법의 비밀에 관하여", 『마르크스주의 연구』 12(1), 2015, 150-192쪽.

이병탁, "아도르노의 도덕철학", 『대동철학』 92집, 2020, 229-253쪽.

조효원, "현실의 십자가", 『서강인문논총』 66집, 2023, 221-257쪽.

캇찌아피카스, 죠지, "9·11과 미국인의 양심", 『창작과 비평』 30(1), 2002, 30-36쪽.

Agamben, Giorgio, The Mystery of Evil (Stanford University Press, 2017).

Becker, Ernest, Escape from Evil (Free Press, 1975).

Bellinger, Charles K., Othering: The Original Sin of Humanity (Cascade Books, 2020).

_____, The Genealogy of Violence: Reflection on Creation, Freedom, and Evil (Oxford University Press, 2001), pp. 28-29.

Hirvonen, Ari, Janne Porttikivi, eds., Law and Evil: Philosophy, Politics, Psychoanalysis (Routledge, 2010).

James, Sara, ed., Metaphysical Sociology (Routledge, 2018).

Neiman, S., Evil in Modern Thought: An Alternative History of Philosophy (Princeton University Press, 2002).

_____, Learning from the Germans: Race and the Memory of Evil (Farrar, Straus and Giroux, 2019).

Rosenstock-Huessy, Eugen, Out of Revolution: Autobiography of Western Man (Wipf and Stock, 2013).

Barr, James, "Authority of Scripture: The Book of Genesis and the Origin of Evil in Jewish and Christian Tradition," in James Barr, Bible and Interpretation (Oxford University Press, 2013), pp. 376-389.

Kenel, Sally A., "A Heroic Vision", Zygon: Journal of Religion and Science, vol. 33, no. 1 (March, 1998), pp. 59-70.

Ken Wilber, "The Deconstruction of the World Trade Center: A Date that Will Live in a Sliding Chain of Signifiers," p. 11 (2001, 2006) 인터넷 검색 자료.

Stanford Encyclopedia of Philosophy (internet), "Eugen Rosenstock-Huessy," §2. Life and Work.

https://www.abc.net.au/religion/philosophical-reading-of-the-book-

of-job/11054038. website: ABC Religion and Ethics. Susan Nei-
man, "The Rationality of the World: A Philosophical Reading of
the Book of Job."